教えて考えさせる理科 小学校

基礎基本の定着・深化をはかる
習得型授業の展開

【監修】市川伸一
Shin'ichi Ichikawa

【編集】鏑木良夫
Yoshio Kaburagi

図書文化

■監修者まえがき

　「教えて考えさせる」というフレーズが，最近の中教審答申で繰り返し使われたこともあり，授業を語るときの，1990年代以降の閉塞感が破られたのは，非常に好ましいことだと思っている。当時，それまでの「偏差値教育」「知識偏重」「詰め込み教育」などへの反動もあって，「知識」とか「教える」という言葉がすっかり悪いイメージをもたされ，教育界で使うことさえはばかられるような風潮があった。

　代わって，飛び交った言葉が，「問題解決」「自力解決」「子ども中心」「指導より支援」などである。いわゆる「新しい学力観」に根差した「ゆとり教育」の時代の1つの教育的社会現象と言えるだろう。もちろん，理念として問題解決能力や自己学習能力を高めることは，教育の究極的な目標である。しかし，「教育の目標」と「教育の過程」は必ずしも同じではないはずだ。

　私は，拙著の中で，「あえていえば，教えずに考えさせても，自ら学び自ら考える子は育たない」と述べたことがある。教科書や教師から学びとり，それをもとに，理解を深めたり，思考したり，他者とやりとりすることで教科学習はすすんでいく。とりわけ，基礎基本的な知識・技能を習得させようという授業の中では，教師が「教えること」と，それをもとに「考えさせること」の両者が不可欠である。

　編者の鏑木良夫氏は，こうした「教えて考えさせる」という理念に早くから共鳴してくださった実践者の一人である。「問題解決型」と呼ばれる授業スタイルがすっかりアタリマエとなってしまった初等理科教育の世界で，予習や教師の説明の重要性を主張し，それによってますます子どもの関心や理解が深まることや，レベルの高い問題解決に到達することを，自らの授業実践を通して示してこられた。

　本書は，その鏑木氏の編集のもと，「教えて考えさせる授業」を実践しておられる全国の小学校の先生方の理科授業を収録したものである。それぞれにこめられた工夫を，ぜひ参考にしていただきたい力作がそろっている。ただし，「教えて考えさせる授業」自体，まだまだ発展途上のものであり，本書の実践についても議論の余地は多くあるだろう。読者からのご批判を仰ぎながら，それをまた刺激として今後の発展の糧としていきたいというのが，監修者，編者，執筆者の共通の願いである。

　2010年3月

　　　　　　　　　　　　　　　市川伸一（東京大学大学院教育学研究科・教授）

■編集者まえがき──教師になった良さを味わいましょう

　授業終了直前に「わかった」かどうかをチェックしない。子どもが，これが目的かもしれないと思い始めた頃──特に中・低学力層の子ども──授業が終わってしまう。

　読者の皆さんは，このことをどう思いますか。

　平成8年に新任校長として中学校に着任してからの私は，「これは子どもにとって不幸なことではないか」と思うようになりました。今でも忘れられない光景があります。「勉強がわからない」と言って，授業中に教室を抜け出す生徒を見たときです。校長室に呼んで話を聞きましたが，そのまま時が過ぎ去り，その生徒は結局，進学先が決まらないうちに中学校の卒業式を迎えることになってしまいました。この生徒の卒業証書を受け取る気持ちを考えると複雑な心境になり，心の底から「卒業おめでとう」とは言えなくなったのです。それ以来「子どものわかりたいという気持ちに応える授業」を小学校段階から実践しなくては，と思うようになりました。

　本書には，子どもに「先生の授業，よくわかるね」と言わせ，学ぶ意欲が高まり，確かな学力が身につく指導の具体が記されています。ぜひ実践していただき「わかることの保障」ができる快感を味わってほしいと思います。

　また，「教えて考えさせる授業」を展開していくと理科の教科書の読み方も変わってきます。言葉に敏感になり，言葉の背後にある意味を問う姿勢が高まるのです。それが積み重なると，信頼される教師，信頼される学校づくりにまでつながります。

　ところで，本書に掲載された実践事例は完璧ではありません。読者の皆さんのご批判・ご指摘を受けて，さらに深化させたいと期しております。よろしくお願いします。

　私は今，「お陰様で」という言葉をかみしめています。本書の出版に当たり，「教えて考えさせる理科授業」に魅力を感じていただいている全国の先生方・研究者に執筆をお願いしました。ありがとうございます。心からお礼申し上げます。また，監修していただいた東京大学大学院教育学研究科教授の市川伸一氏による丁寧な添削，図書文化社編集担当の大木修平氏の水も漏らさぬ多面的な指摘等々がなければ，本書の成立はありませんでした。ここに記して深く深く感謝申し上げます。

　では，読者の皆さん，本書を実践の友にして教師になった良さを味わいましょう。

2010年3月

鏑木良夫（授業インストラクター）

CONTENTS

解説編

0. プロローグ　先に知ることで意欲は低下するのか　6
1. 子どもの実態と理科授業の悩み　8
2. 教えて考えさせる理科授業の基本展開　11
3. 教えて考えさせる理科授業の具体的展開　12
4. 理解深化課題をつくる　17
5. 教えて考えさせる理科授業を支える指導技術　19

実践編

3年

A　物質・エネルギー●光の性質
日光が当たったところの明るさと暖かさ　24

A　物質・エネルギー●物と重さ
形を変えても物の重さは本当に変化しないのか？　30

B　生命・地球●身近な自然の観察
身近な自然しらべ──校庭の自然を見直そう　36

B　生命・地球●太陽と地面の様子
日なたと日陰の温度差は？　42

4年

A　物質・エネルギー●電気の働き
乾電池の並列つなぎ──電池を抜いたときの明るさは？　48

A　物質・エネルギー●水と温度
なぞの色水を沸騰させて出てくる水の色は？　54

A　物質・エネルギー●水と温度
水の温まり方　60

B　生命・地球●月と星
夏の星──星座を見つけられるかな？　66

教えて考えさせる理科 ● 小学校
基礎基本の定着・深化をはかる習得型授業の展開

5 年

A　物質・エネルギー●振り子の運動
振り子の往復する時間　72

A　物質・エネルギー●電流の働き
電磁石——正しい実験結果を導き出せ！　78

B　生命・地球●動物の誕生
卵の中の成長　84

B　生命・地球●流水の働き
川の地形と流水の働き　90

B　生命・地球●天気の変化
雲の観察から天気を予想する　96

6 年

A　物質・エネルギー●てこの規則性
"まごの手"でも「てこのきまり」は通用する？　102

A　物質・エネルギー●燃焼の仕組み
気体の正体をつきとめよう　108

A　物質・エネルギー●水溶液の性質
水溶液と金属——モデル化して考えよう　114

B　生命・地球●人の体のつくりと働き
人体モデルエプロンをつくろう　120

B　生命・地球●土地のつくりと変化
火山の働きでできた地層を調べよう　126

B　生命・地球●月と太陽
三日月が見えるのはどんなとき？　132

［補稿］対談：市川伸一×鏑木良夫「わかる」とはどういうことか　138
　　　——「温度による空気の体積変化」（4年）の授業をめぐって

著者一覧　142

〈解説編〉

0 プロローグ――先に知ることで意欲は低下するのか

　「教えて考えさせる授業」と聞くと，「教え込みだ」「言葉だけで教えたら理科ではなくなる」「実験しなくてよいのか」「問題解決学習の方がよい」など，まだ様々な批判的な反応が返ってくる。

　『初等理科教育』誌上で，2004年4月号から2006年3月号までの2年間にわたり，「教えて考えさせる授業」の是非を巡る論争をしてきたが，この論争自体を知らない方も多く，誤解は多いようである。

　誤解の中でもいちばん大きいのは，何といっても「先に教えてしまったら意欲が低下してしまうではないか」という誤解であろう。しかし，これまで積み重ねられた「教えて考えさせる授業」の多くの実践からは，意欲が低下してしまうどころか，かえって意欲が高まることが明らかにされている。

　例えば，下のグラフを見ていただきたい。これは2008年3月に，筆者が4年「温度による空気の体積変化」で「教えて考えさせる授業」をしたときのデータである。子ど

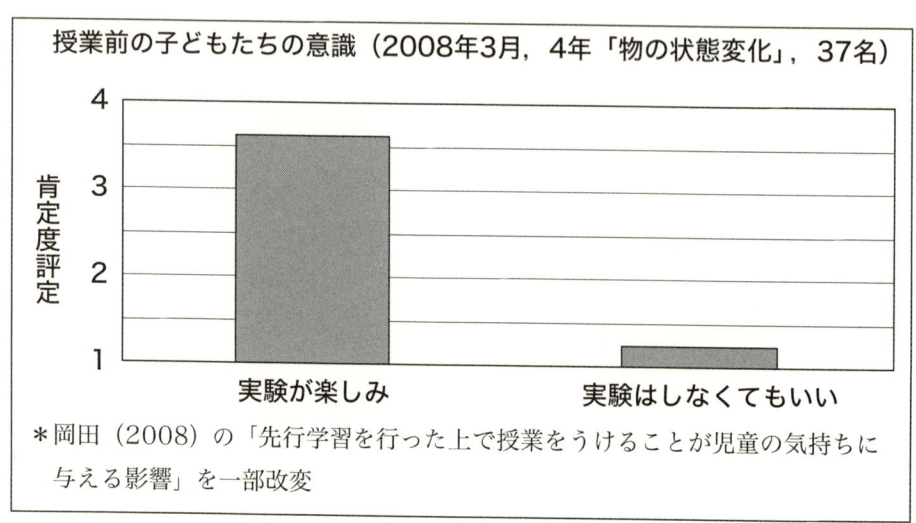

＊岡田（2008）の「先行学習を行った上で授業をうけることが児童の気持ちに与える影響」を一部改変

予習したからといって実験をしなくてもいいと考えている子どもは少なく，実験や授業を通して確かめてみたいと考えている

0 プロローグ 先に知ることで意欲は低下するのか

もたちは予習によって，授業で行う実験の結果をすでに知っているにもかかわらず，かなりの高い割合で実験が楽しみだと思っていることがおわかりいただけるかと思う。予習して予備知識をもっても，なお意欲的であるのだ。これは，旅行に行くときにガイドブックを読んで，ますます期待感を高めるのと同じことである。先に知ってしまうことで，意欲は低下しないのだ。

次に，下のグラフを見ていただきたい。こちらは授業後の子どもたちの意識を示したものである。先に示した授業前のグラフと同じ授業のときに取ったデータである。この結果からは，授業後の意欲も低下しないことがおわかりいただけることと思う。

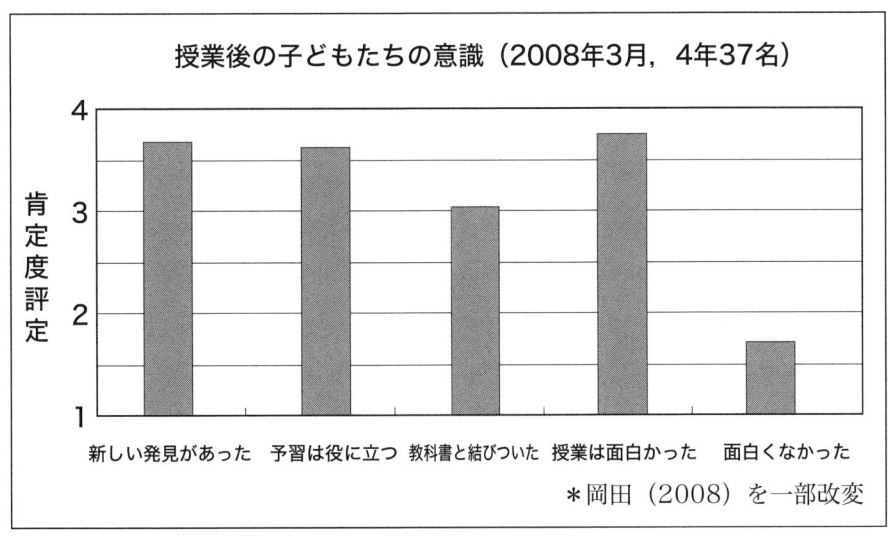

予習してきたので実験が面白くなかったと感じている子どもは少なく，
教科書の内容と結びつけて考えることができたと感じている

「教えて考えさせる授業」を受けた子どもたちは，予備知識をもった上でも，なお新しい発見があったり，それによって事象の理解をより深められることを実感していく。「教えて考えさせる理科授業」を自信をもって実践していただきたい。

〈解説編〉

1 子どもの実態と理科授業の悩み

(1) 現代の子どもは知識が豊富――子どもの「知っているよ」にどう応じるか

　発見学習的な授業をしているときにいちばん焦ることは，子どもに「先生，それ知っているよ」と結論を先取りされてしまうことだ。かつて私は，このような場面に遭遇すると，「この子はこれから教えることを知ってしまっているんだ」「まずい，言われてしまった。みんなにわかってしまうではないか。言ってくれないでほしかった」などと落ち込んだことがあった。

　現代は，昔のように，学校で学ぶ知識がその子どもが学ぶ知識のほとんどだった時代とは大きく違う。しかし，授業に関して言えば，「これから学ぶことは子どもたちが初めて知ること」という暗黙の了解がまだ生きている。もっとも，この了解は教師が持っている了解に過ぎない。子どもの方は，そんな了解に関係なく，「ねえ先生，今日の実験でやる，水を温めて出てくる泡は水蒸気なんだよね。だって僕，科学館で習ったもん」と言う。

　このように現代では，文字情報的な知識は，かなりの子どもが事前に持っていると考える方が自然なのではないか。ただし，知っていることと，それを本当に理解しているかは別のことである。子どもが事前に知っていることを前提に，そこへ揺さぶりをかけ，子どもたちの知的好奇心を刺激して，しっかりした科学的な理解に導く授業をしたいものである。

(2) 誤概念の修正は簡単ではない――泡を空気という子ども

　新しい学習内容を実験・観察させるときに，子どもの生活経験や既習内容をもとにして考えさせようとしても，うまくいかないことがある。例えば，4年生で学習する「水の三態変化」の中で扱う「水蒸気」の理解場面は，その最も典型的な例である。

　水を沸騰させて出てきた泡（水蒸気）を集めた後に温度を下げると，泡がなくなり水ばかりになる。そして温度を上げると，再び泡が出てくる。このような観察を何回繰り返しても，「水蒸気？　空気じゃないの？」と納得しない子どもが出てくる。しまいに

は,「まあ先生が言うから水蒸気なんだろう」「教科書にも書いてあるしね」と,自分自身をむりやり納得させて,学習が終了しかねない。

教師の方も,「仕方がないなあ」と思いながら,最後には「実はね,これは水蒸気なんだよ。空気のように見えるけれど,温度が下がると水に戻るでしょう。だからこの泡は,水が空気のように気体になった水蒸気なのです」と言ってしまう。

水を沸騰させたときに出る泡を空気だと考える子どもは,生活経験から得た「泡は空気だ」という知識をもとに考えているわけである。このように,子どもがすでに持っている知識を使って形成された誤概念は,修正するのがむずかしい。このようなときには,「泡は水蒸気である」と教えないと,学習がスタートしない。考える枠組みを与えられて初めて,子どもは「泡は水蒸気か?」という見方で観察していく。そうすると詳しく観察することが可能となる。「泡は空気か否か?」という問いから抜け出すことが可能になるのである。

このような指導内容はいくつかある。以下に,新学習指導要領の内容から該当する例をいくつか記してみたい。

　　3年　昆虫の成長と体のつくり,物と重さ,日陰の位置と太陽の動き
　　4年　水の三態変化,電気の働き,月と星,天気の様子,人の体のつくりと運動
　　5年　振り子の運動,電流の働き,重さの保存,天気の変化,動物の誕生
　　6年　てこの規則性,電気の利用,水溶液の性質,人体のつくりと働き,月と太陽,土地のつくりと変化

(3) 教えたはずなのに,定着が悪い

しっかり教えたのに,テストの出来が悪いという経験をしたことがある。

「平均85点は取ってくれると思ったのだけれども,覚えていないんだなあ。ジャガイモにヨウ素液をかける実験も時間をかけたし,色の確認もしたし,話し合いもしたし,手も挙げてくれたけどなあ。なんでだろう」

理科のテストでは,算数や国語,社会とは違って,授業で行った実験や観察のパフォーマンスそのものを問うことは少ない。一般的には,ペーパーテストで知識の獲得や理解度を言語的に問う。したがって,そのテストの結果が悪いということは,実験や観察で得た知識を,言語にきちんと変換してこなかった結果ではないだろうか。

体験や経験を言語に置き換えることをおろそかにすると,テストの点は悪くなる。言い方を変えるならば,授業の出口を問わない授業をしていたということだ。意欲をかき

〈解説編〉

立てるために，授業の入り口，つまり導入には神経を使い，工夫を凝らす。しかし，その導入で高まった意欲が授業の終末までつながるか，子どもの理解がどのように変容したのかというモニタリングをしてきたかどうか。授業の終末にも意を注ぎ，「出口を問う授業」を心がけたいものである。

(4) 教科書を使わない授業がよい授業？

　教科書を使わない先生がよい先生だと言われて，有頂天になった時代があった。教科書の中身は頭の中に入っているし，改めて見なくても困らないからだ。「先に教科書を読まれても困らない授業」をスローガンとし，授業の導入で学習意欲をかき立てたいとの思いから導入の工夫を重ね，かなりよい方法も開発したが，どうしても教科書から離れてしまう学習になる。

　これでは子どもが家に帰って復習しようにも，教科書とは違うことを授業でしているので，特に中低学力層の子どもには，あまり参考にならない。結果として，子どもの学習機会を増やすことにはならない。

　子どもは教科書を読み「こんな実験をするのか，早くやりたいなあ」と期待する。そこには，「教科書に書かれていることを前提としてものを見る」構えが生じている。教科書を読まれても困らず，教科書をガイドブックにしつつ，教科書を超える授業ができたとしたら，こんなによいことはない。そうなれば，学習のよりどころとしての教科書のあり方にも一石を投じることができるし，学習機会を増やすことにも通じるはずである。

(5) 理科で扱う事象が複雑すぎる

　実験や観察がないと理科ではない，と言われる。しかし，その実験や観察が難しく，準備や片づけの手間もかかるので，子どもには人気でも，教師には敬遠されがちである。

　いざ取り組もうとしても，扱う自然事象は複雑であり，ここを子どもに見せたい，理解させたいということ以外の要素が多すぎて，子どもの目もほかのところに向いてしまい，どうもうまくいかない。要するに，算数のようにはすっきりいかないのである。

　これは，小学校理科の悩みのたねと言えるが，「教えて考えさせる授業」で，子どもたちに枠組みをもって実験・観察にあたらせることで，その時間の学習内容に注意を集中させることが可能となる。

2 教えて考えさせる理科授業の基本展開

教えて考えさせる理科授業の基本展開には，以下の活動が含まれる。
① 新しい学習内容を予習させる
② 学習内容を教師から説明したり，演示実験で具体的に示したりする
③ ②を受けて，子どもたち自身による実験・観察，説明活動，教え合い活動等を通して理解を確認させる
④ 応用・発展的な課題に取り組み，理解を深めさせる
⑤ 自分の理解状態を表現し，自己評価させる

①の予習と②の教師からの説明によって，これから学習することがらについての情報を子どもに与える。演示実験により具体的な事象を示すことも含まれる。③の段階では，子どもたち自身に実験させたり，事象を相互に説明させることを通して理解を確認する。

ここまででひととおりの理解は図れたと想定されるが，まだ，「わかったつもり」の状態の子もいる。そこで④として，ひととおりわかっていてもうっかり誤解しそうな課題や，学習したことを応用・発展させる課題に取り組ませる。最後に⑤では，自分のわかり方を再度見直させる。ここにいたってはじめて「わかったつもり」から抜け出せる。

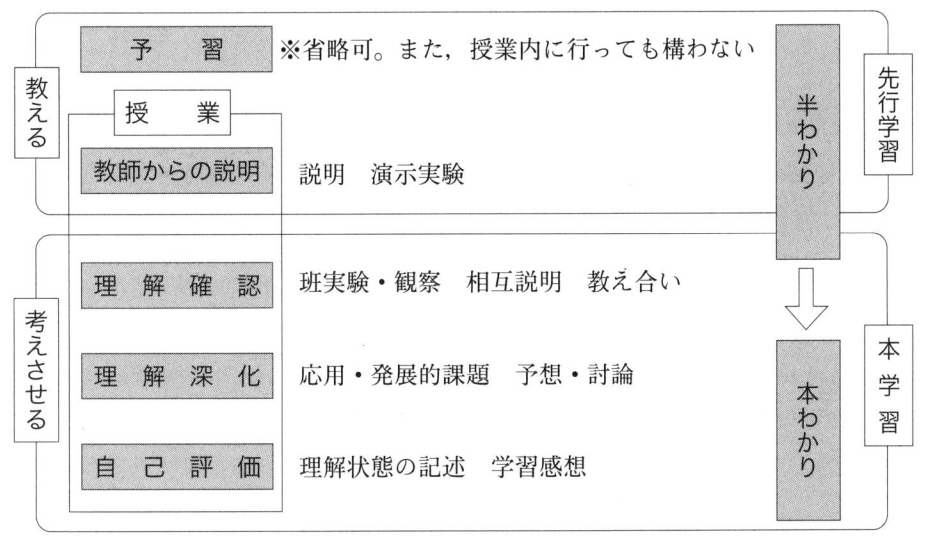

〈解説編〉

3 教えて考えさせる理科授業の具体的展開

　子どもの学力を伸ばすためには，どのような授業を行えばよいのか。この問いに対して，「授業前に子どもが持っている知識は，どのようなものか」に着目し，1つの答えとして提案された授業が，「教えて考えさせる授業」であると言えるだろう。授業前に，子どもは，教科書に記載されている科学的法則や理論をすでに知っている場合が多い。また，知らない子どもが，それらを発見的に学習することはむずかしい。なぜなら，科学的法則や理論は，科学者が長い年月をかけて発見してきたものであり，そうした科学者と同等の力が子どもに備わっているとは考えにくいからである。こうした「授業前に子どもが持っている知識」を考慮し，「教えて考えさせる授業」では，教科書に記載されている科学的法則や理論は，予習や，教師の説明によって，早々に学ぶことを奨励する。その後，学んだ知識を用いてじっくり問題解決させることで，科学的法則や理論の理解を深めることを目的とするのである。

　本節では，鏑木良夫氏の行った，6年「水溶液」単元における塩酸がアルミニウムを溶かすことを学ぶ授業を，「教えて考えさせる授業」の具体的な展開案として紹介する。そして，授業の中の各学習場面にどのような効果があるのか，また，実施に当たって注意すべき点は何かについて検討していくことにする。　　　　　（文責：小林寛子）

○本時の指導目標：塩酸はアルミニウムを溶かすことを理解させる。（2時間扱い）

教師の意図と働きかけ等	子どもの意識と言動
1．予習の指示 ・前日に「塩酸にアルミニウムを入れると溶けます。そのことを教科書などで調べてノートに書いて来てください」と指示する。	◆既習事項との比較をする ・予習もいいけれど，実際に見てみたいなあ。 ・アルミが溶けるなんて考えたことないなあ。 ・おもしろそうだなあ。
2．予習状況の確認 ・予習内容を共書きさせる。 予習内容：塩酸はアルミニウムを溶かす ・理解度評定を行う。（1回目）	◆予習内容を想起する ◆理解度を自覚する

3 教えて考えさせる理科授業の具体的展開

- 「塩酸をアルミニウムに入れたらどうなるか，その様子がわかっていますか」と問い，現時点でのわかり具合を5段階で自己評定させる。
- 何人かの子どもに自己評定の理由を聞いてみる。

- きちんと調べたので「4」だな。
- 読んだけれど，よくわからないから「2」。
- 塩酸がアルミを溶かすと別な物になるって書いてあったなあ。でも溶け方がよくわからないから「3」かな。

> 【！】予習の指示・予習状況の確認
> 　予習の効果を説明する理論の1つとして，先行オーガナイザーの理論を挙げることができる。先行オーガナイザーとは，学習に先立って提示される抽象的な概念枠組みを指す（Ausubel, 1960）。具体的には，本の要約をイメージしてもらえばよい。あらかじめ要約を読んでおくことで，本文を理解しやすくなるだろう。同様に，授業に先立って，教科書を読んで予習しておくことで，その後の授業内容が理解しやすくなることが期待できる。
> 　ただし，予習させる際には，子どもの予習の仕方に個人差があることに注意すべきである。予習で教科書を読むといっても，流し読み，精読……と読むレベルは様々であり，そのレベルによって予習の効果は異なる。そのため，予習にあたっては，教科書の最も重要な点を指定して読ませる，教科書を読んでもわからない点やもっと詳しく知りたい点はどこかを明らかにしておくよう指示するなど，予習の仕方を教師が指示する必要があるだろう。

3．教師からの説明

- 教卓の周りに集合させる。
- 「予習した通りのことが起きるかな」と言いながら，塩酸の中にアルミニウムを入れて見せる。（演示実験）
- 見ているときは自由に発言してよい。
- 席に戻らせて演示実験の感想を1行以上書かせる。このとき，「あれっ」「やはり」「（その他）」の3種類の言葉を提示して選ばせ，その言葉に続けて感想を書かせる。
- ここで，以下のようなモデルを図示しながら，塩酸がアルミニウムを溶かすしくみについて説明する。

◆予習内容と事実とを比較する

- 塩酸は透明だ。
- 試験管に入れるとどうなるか早く見たい。
- 最初は変化がない／あー，音がする／煙が出てきた／試験管が熱い／アルミが動く……
- 塩酸が黒っぽくなったけれどもとに戻った。
- あれっ，あんなに動くと思わなかった。
- あれっ，溶けるまでの時間が短い。
- 詳しく見てみたいし，もう1回見たい。

(1) アルミを入れる前　　(2) アルミが塩酸に溶けているとき　　(3) 溶け終わったとき

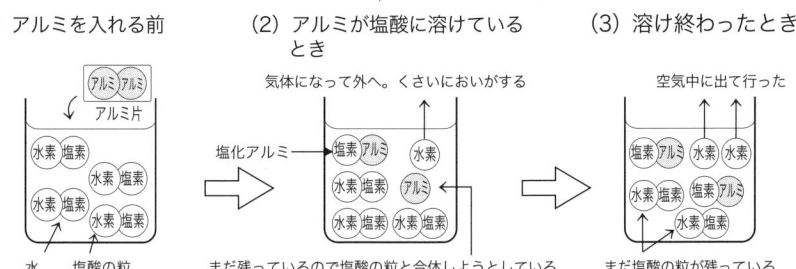

13

〈解説編〉

> **【！】教師からの説明**
>
> 　予習したからといって，その内容を子どもが十分に理解しているとは言い難い。理解の不十分な点を補完することが，授業の最初に行われる「教師からの説明」の目的である。本授業では，第1に，演示実験を行っている。これは，予習で「塩酸はアルミニウムを溶かす」という教科書の記述を読んできた子どもたちに対し，実際に溶ける様子を見せることで，「臭いがする」「塩酸の色が変わる」といった「塩酸がアルミニウムを溶かすというのはどのような現象か」を詳しく理解させる効果をもつ。このように，理科では，教科書という言語的な情報と，観察・実験という非言語的な情報とを組み合わせて教え，1つの現象を多角的に理解させることができる。
>
> 　本授業では，第2に，「塩酸がアルミニウムを溶かすしくみ」についての説明を行っている。このように現象の把握にとどまらず，なぜそうした現象が起こるのかという理論を理解させることも，非常に重要である。理論を学習する重要性は，数学の公式をただ暗記するのと，なぜそうなるのかを理解して覚えるのとでは，どちらが記憶に残るかを考えれば，わかるだろう。理科においても同様である。ただし，高等教育で学ぶような科学的理論をそのまま小・中学校で学習させることはむずかしい。わかりやすいモデルを示し，さらに，子どもたちとの対話を通して理解状態をモニターすることが必要となるだろう。

4．理解確認

- 安全に留意して，児童に試験管，アルミニウムを準備させる。
- 記録の仕方を指示する。「記録は箇条書きで，見たことを順に書きます。気持ちもくっつけてくれるとうれしいなあ」「初めて知ったことを書いたら，その番号を○で囲んでおいてね」
- 「では，自分たちで塩酸にアルミニウムを入れて詳しく見てください」と言って一斉に入れさせる。（班ごとの実験）
- 「実験をして新しく発見したことがいくつあったか，○をつけた数を数えてください」と言い，数を報告させる。
- 子ども数名を指名し，箇条書きに書いたとおり発表させる。聞いている児童には，同じ発見をしていればそこに赤線を引かせる。
- これまでの学習で得た知識をもとに，塩酸がアルミニウムを溶かす様子を詳しく書かせ，友達に説明させる。

◆反応の様子を分析的・焦点的に見ていく
◆予備知識では知り得ない事実があることを知る

1. 入れても6秒くらいは変化なし
2. あわがだんだん出てきた
3. ⑤ 水素のけむりが出てきた
   ツーンときてとてもくさい
4. ④ アルミが昇っていった
5. さわると熱い。発熱している
6. ⑥ シュワシュワという音が出ている
7. ⑦ だんだんアルミが落ちてきた
8. 塩酸の中のアルミがなくなっていた
9. ⑨ 塩酸の色が黄色くなった。塩化アルミか？
10. ぬるま湯の温度に戻った

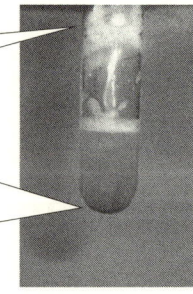

反応が進むとアルミニウムが上の方に行く。

塩酸は黒っぽくなる。しかし，アルミニウムが溶けきるとわずかに黄色っぽくなる。

3 教えて考えさせる理科授業の具体的展開

> **【！】理解確認**
> 「教えて考えさせる授業」の，考えさせる第１のステップが，予習したことや教師に説明されたことが理解できているかを確認する「理解確認」である。
> 　予習して，教師からの説明を受けて，わかったようなつもりになっていても，いざ「わかったことを説明してみよう」と言われると，むずかしい。きちんとわかるために，教えられた内容を整合的に説明できるようにすることは重要である。したがって，この理解確認場面では，「わかったか」と問いかけて「Yes／No」で答えさせるタイプの「確認」ではなく，「具体的に何がわかったか」を自分の言葉で説明させ，説明できるかどうかを「確認」することが求められる。また，説明できなかった部分については，教師の働きかけや子ども同士の教え合い活動を通じて，説明できるように修正することも必要となるだろう。

5．理解深化	◆これまでに獲得した知識を使って予想する
・もう１枚アルミニウムを入れたらどうなるかを予想し，実験で確かめる。 ・予想と根拠を考え，発表させる。 ・理由をノートに記述させた後，黒板に出席番号札をはらせ，自分の考えを明確にさせる。下の数直線上に番号札をはらせる。 　←――――――――――→ 　溶ける　　　　　　　　溶けない ・一斉にアルミニウムを入れ，実験結果を記録させる。 ・３，４，５枚とアルミニウムを入れていったらどうなるかを考え，実験させる。 ・溶けなくなった段階で，説明で板書した内容と比較検討させる。	・塩酸の量は変わらないから，まだ溶けるはずだ。 ・塩酸の粒が減っているから１回目より溶けない。 ・でも，塩酸の温度が上がっているから，溶けるのではないかと思う。同じ溶け方かどうかが問題。 ・塩酸が少なくなり，中に余計な物があるし，だから力は小さくなるので，あまり溶けないと思う。 ・いや，中に塩化アルミニウムの粒があるし，塩酸の粒も減ったし，関係するものが２つもあるのだからほとんど溶けないよ。 ・えー！前より激しく溶けていく！ ・あれっ，何で溶けるの？ ・うっそー，まだ塩酸には力があるの？！ ・温度だ。温度が関係するのだ。 ・じゃあ，何枚入れたら溶けなくなっていくの？　５枚目だともう変化が起きない。でも，アルミが変わるなんてとても不思議。 ・色は黒くなったし，アルミを入れても溶けないし，塩酸ではなくなった。アルミニウムは塩化アルミニウムになったのか。へえー。 ・塩酸もアルミニウムも変化したのは確かだ。 ・変化した証拠が，黒くなったり，熱が出たり，水素が出たりしたことなのか。そうなんだ。納得。

〈解説編〉

【！】理解深化
　「教えて考えさせる授業」は，「先に教えてしまったら，子ども自身の問題解決はなくなってしまうではないか」という批判を受けることがある。しかし，知識があってこそ人間はものを考えることができるのだろう。したがって，教えられた知識を使って問題解決を行う場面を設定すれば，より自然な問題解決となるし，教えられた知識の理解も深まってよいのではないか。こうした効果を期待して設定されるのが，「理解深化」課題である。
　本授業では，「塩酸にもう１枚アルミニウムを入れるとどうなるか」という理解深化課題が設定されている。子どもたちは，予習や教師からの説明を通して，塩酸がアルミニウムを溶かすしくみを知っているので，塩酸にアルミニウムを入れ続けると，アルミニウムと合体（反応）する塩酸がなくなり，アルミニウムは溶けなくなることを予測できるだろう。こうして，「問題解決場面で，知識を使って予測し，それが正しいかを検証する」という問題解決活動を学習する機会が与えられる。さらに，予測が支持されれば，仮想的なモデルであった「塩酸がアルミニウムを溶かすしくみ」が実際に機能するものであることを，確信をもって理解でき，理解が深まるというわけである。
　ただし，理解深化課題を設定する際には，深化課題以前の子どもの理解状態の把握と，理解深化課題を通してどこまで理解してほしいかという目標との関連に注意すべきである。子どもの理解状態と理解目標が近すぎれば理解は深まらないし，遠すぎれば目標の達成が危うくなる。教えられた知識を上手く使える課題設定の工夫が，教師に求められるだろう。

・理解度評定を行う。（２回目） ・何人かの子どもに，理解度が変化した（または変化しなかった）理由を発表させ，理解状態の変容を把握する。	◆授業当初と比較しながら，自分の理解深化の度合いを自覚する
6．自己評価 ・わかったこととわからないことを，感想を交えて書かせる。	◆わかればわかるほど疑問が出てくる学習であることを知る

【！】自己評価
　「自己評価」とは，わかったこととわからないことを書かせることを指す。この学習場面は，先の「理解確認」の学習場面と同様，子どもが，自らの学習したことを明確化する意味をもち，学習内容をよりよく理解して，定着させる効果をもつ。さらに，子どもの書いた「わからないこと」は，教師が，今後授業をどう展開していくかを考えるのにも活用できるだろう。ただし，子どものわからないこと，そのためにさらに探究したいことをすべて授業に持ち込むことはむずかしい。限られた授業の時間だけでなく，家庭学習等も念頭に置いて，子どもの意欲を満たす工夫が必要となるだろう。

　　　　　　　　　　※展開案は鏑木良夫，網掛けの注釈部分は小林寛子の執筆による。

4 理解深化課題をつくる

　理解深化段階には，本時で獲得させたい基礎的・基本的な知識を活用する問題解決により，理解をより確かなものにさせるというねらいがある。問題解決にあたっては，使う知識を明示することがポイントである。

(1) 理解深化課題の例と視点

	教示内容（活用する知識）	理解深化課題
3年	アリの体は頭，胸，腹の3つに分かれていて，胸から足が6本出ている。このような体を持っている虫を昆虫という。	（見た目には体が3つに分かれていない昆虫を含ませておいて）集めた虫はみんな昆虫だろうか。
4年	乾電池を並列つなぎにしたときの豆電球の明るさは，乾電池1つのときと同じである。	並列つなぎの乾電池を1つ取り外したら，明るさはどうなるか。
5年	水に食塩が溶けると，白色にはならないで透明になる。	透明な水なら，食塩が入っていると言えるか。
6年	塩酸はアルミニウムを溶かす。	すでにアルミニウムを1枚溶かした塩酸に，もう1枚アルミニウムを入れたらどうなるか。

　取り上げた事例について，さらに詳しく解説してみたい。

【3年　昆虫のつくり】昆虫の定義を教えた後に，「集めた虫はみんな昆虫だろうか」と問う。昆虫には違いないのだが，見た目には，体が1つに見えるセミや，体が2つに分かれているクモなどを入れておくと盛り上がる。→**分類してみる**

【4年　乾電池の並列つなぎ】乾電池の並列つなぎは，子どもにとっては，不思議なつなぎ方に映る。乾電池を2つ使っても明るくはならないからだ。ここで乾電池を1つ取り外したらどうなるかと問うことで，最後には乾電池の消耗にまで目が向く。
→**内部の構造に目を向ける**

【5年　物の溶け方】水に食塩を溶かすと食塩水となる。そのときの色は，食塩の白色ではなくて透明である。一見すると水と間違ってしまう。そこで，「透明な水なら食塩水と言えるか」と問う。これは，水＋食塩→食塩水（透明）に対して「逆を考える」発想である。このような問いに対して子どもは，「食塩水のときもあるし，食塩水ではな

〈解説編〉

いときもある。調べないとわからない」と言うので，食塩の析出実験に取り組ませるといいだろう。→逆を考える

【6年　水溶液】塩酸にアルミニウムを入れると，水素を出しながら激しく溶けて，完全になくなってしまう。ここで，塩酸にはアルミニウムを溶かす力があると理解する。そこで，「もう1枚アルミニウムを入れたらどうなるか」と問う。子どもは，一度アルミニウムを溶かしている塩酸なのでもう溶けないのではないか，溶かす物も変化するのではないかなどと深く考え直すことになる。→詳しく見る

(2) 理解深化課題を解く（4年「温度による空気の体積変化」）

まず，空気は，温めると体積が大きくなり，冷やすと体積が小さくなることを教える。

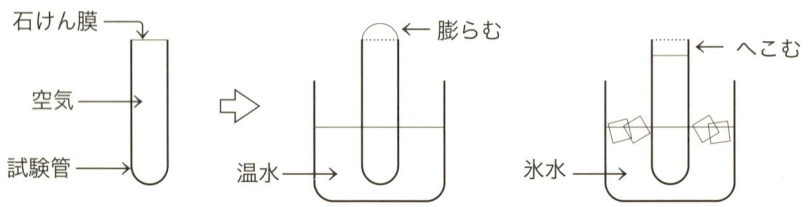

その上で理解深化段階では，「空気はどのように膨らむのか」を問題にする。

【理解深化課題を解く手順】

①　試験管をフラスコに，石けん膜を風船に代えた実験具を見せ，「フラスコを温めたら，風船はどうなるか」と問う。ここは，教示された知識を使って，比較的簡単に予想できる。予想を発表させてからフラスコを温め，風船が膨らむ事実を見せる。

②　風船が膨らむ事実についての2通りの説明を紹介し，どちらだと思うか選ばせる。この予想は子どもには難しく，クラスの半数以上が「上昇説」を選ぶこともある。

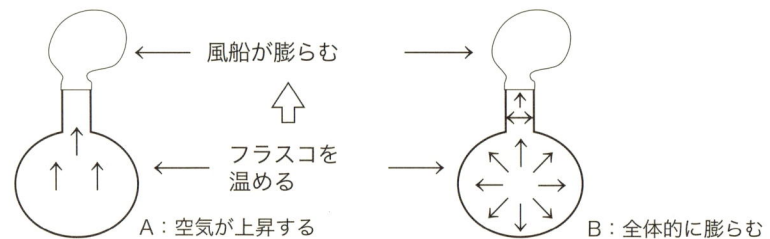

③　どうすれば確かめられるか，考えを出させる。子どもから「フラスコを横向きや下向きにして実験する」という考えが出ないときには，教師から示す。

④　横向きで実験して，「上昇説」では事実を説明できないことを確認する。

5　教えて考えさせる理科授業を支える指導技術

(1) 机の上——必要なものだけ置かせているか

基本的には，以下のものがあれば十分である。

・教科書
・ノート
・鉛筆2本

子どもの小さな机や狭い実験台の上に，あの大きくてかさばる筆箱は邪魔になるだけである。しまわせること。

消しゴムもいらない。間違ったときには，二重線で訂正させる。間違いの履歴を残しておけば，復習するときのメタ認知に役立つ。2行間隔で書かせる癖をつけさせたい。

(2) 板書の図の描き方——できるかぎり正確に

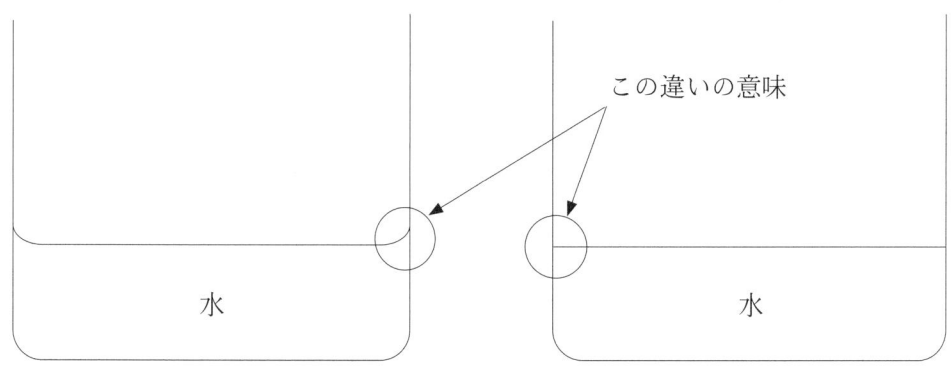

どちらがよいか，おわかりのことと思う。筆者も，急いでいるときや，水の線が授業の本質とは関係ないと思うとき，つい右側のような図を描いてしまう。しかし，ここは授業のプロと自覚して，左側のような正確な図を描きたいものである。

〈解説編〉

(3) 指名と机間巡視

　机間巡視は，学級全体としての理解度や意見の分布を確認する時間である。この時間に，発表させる子どもを決めたり，すでに作業を終えた子どもに（意見を板書させるなど）新たな課題を与えたり，作業が滞っている子どもを支援したりする。

　子どもを指名する際には，最初に，「手を挙げなくても指しますよ。指されたくない人はいませんか」と確認する。これにより，発表したくない子どもは安心でき，聞く姿勢を確かにすることができる。また，「○班の意見を発表してください」というような言い方はしないこと。「班」という人間はいないからだ。

(4) 3つのカード

　「あれっ」「やはり」「（白紙）」のカードを，常時黒板に掲示しておき，実験・観察場面で，ある結果を得たときの子どもの意識を把握するときに使う。Ａ４縦の用紙を縦に２つに切った大きさがちょうど良い。どの言葉を選んだかをノートにメモさせておくと，個別の指導にも役に立つ。

- 「あれっ」：意外感を持つ場合　　——「もう１回見てみよう」と言う。
- 「やはり」：予想通りの場合　　　——その程度はどのくらいかと問う。
- 「（白紙）」：「あれっ」と「やはり」以外，または混在する場合

(5) 実験・観察の記録は箇条書きで

６年「塩酸がアルミを溶かす」の記録例

```
1   入れても6秒くらいは変化なし
2   あわがだんだん出てきた
③   けむりが出てきた　においをかいだ
    ツーンときてとてもくさい
④   アルミが昇っていった
5   さわると熱い
⑥   シュワシュワという音が出ている
⑦   だんだんアルミが落ちてきた
8   塩酸の中のアルミがなくなっていた
⑨   塩酸の色が黄色くなった
10  ぬるま湯の温度に戻った
```

- 番号の数は発見の数であり，時間の経過にそって書くので，どこを詳しく見ているかもわかる良さがある。
- ○印が付いた項目は，新しく発見したと思う項目。

(6) 予想の発表のさせ方——日ごろから慣れさせておこう

①言う前に書かせる。(メモ風でかまわない。)
- 結論を書く　例) 中の空気がふくらんで出る。
- 理由を書く　例) 空気は温度が上がると体積が増えるから。
- どんなことが起きるのか　増えると試験管に入れられない

②書いたことをもとにして，付け足しながら言わせる。

「私は，中の空気はふくらんで泡となって出てしまうと思います。そのわけは，空気は温度が上がると体積が増えるからです。増えると試験管からはみ出すので，下の口から水の中を通って上に行き，空気に入ってしまうと思います。」

(7) 結論を教科書と比べさせる

〈教科書の記述〉
フラスコの中の空気を温めると，ビニル管の中のゼリーは押し出されるように動き，冷やすとガラス管のほうに動きます。

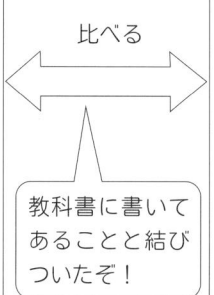

教科書に書いてあることと結びついたぞ！

泡が出るのは，やはり温度が高いところでは空気が増えるからだ。逆に，冷たい水に入れれば，試験管が冷えて中の空気温度が下がり，体積が小さくなって減るので水の線が中に入る。納得です。

(8) 予習の方法

- 授業前日までに，予習するページを指示する。
- 子どもは，指示されたページをノートに書き写してくる。
- 特に，本時の目標にかかわる記述は，スラスラ読めるくらいにしておく。

【指示の例】

「教科書の○ページの上から□行目から△行目までを，ノートに書き写してきてください。スラスラ読めるように5回音読してきましょう」

【予習箇所の例】

　2このかん電池を直列つなぎにすると，かん電池1このときより強い電流が流れ，へい列つなぎにすると，かん電池1このときと同じ強さの電流が流れます。

〈解説編〉

(9) 多様な自己評価の方法

　授業の終末に位置する自己評価は、きわめて重要な活動である。それは、学習内容をどこまで理解したかを自覚するメタ認知場面となるからである。

　以下、自己評価のいくつかの方法に触れてみたい。

　① 理解の変容を自己評定させる

　例えば5段階のわかり方尺度を示し、どこに該当するかと評定させる自己評価である。

　例）授業の初めは、段階3の「まあわかる」だったけど、授業の終わりには段階4の「かなりわかる」になった。塩酸もアルミニウムも変化するとか、熱（60度以上）が出ることがはっきりしたし、実際にやるとくわしくなった。これが、わかり方が上がった理由です。

　② 感想を書かせる

　単なる「楽しかった」程度の感想にならないように、詳しくなったところ、はっきりしたところを含めて書かせる。

　例）振り子の往復の時間は長さに関係するけれども、本当にその通りだった。振れ幅やおもりの重さは、関係ないことが確かになった。長さに関係するけれども、長さが2倍でも振れ幅は2倍より小さくなることがわかった。

　③ 小テストを行う（本書の実践事例を参照してほしい。）

　④ 説明させてみる

　学習内容の理解状況を自覚させるために、「説明してみよう」と呼びかけてノートに書かせる自己評価である。

　例えば、「金属は温めたところから順に温まる。切り込みが入れてあったりしても温めたところからの距離で温まる順番が決まる」等と書かせる。ここでは、説明する対象は誰なのかを明確にすることがポイントとなる。親、教師、わかる友達、わからない友達等々、誰を対象にするかによって、説明する内容が決まるからだ。これは新学習指導要領の重点である「言語力の育成」にもつながる活動である。

　⑤ その他の方法

　予習内容の文を詳しくさせる方法やパフォーマンスさせる方法等がある。

実 践 編

3 年

A	物質・エネルギー●光の性質	日光が当たったところの明るさと暖かさ	24
A	物質・エネルギー●物と重さ	形を変えても物の重さは本当に変化しないのか？	30
B	生命・地球●身近な自然の観察	身近な自然しらべ──校庭の自然を見直そう	36
B	生命・地球●太陽と地面の様子	日なたと日陰の温度差は？	42

4 年

A	物質・エネルギー●電気の働き	乾電池の並列つなぎ──電池を抜いたときの明るさは？	48
A	物質・エネルギー●水と温度	なぞの色水を沸騰させて出てくる水の色は？	54
A	物質・エネルギー●水と温度	水の温まり方	60
B	生命・地球●月と星	夏の星──星座を見つけられるかな？	66

5 年

A	物質・エネルギー●振り子の運動	振り子の往復する時間	72
A	物質・エネルギー●電流の働き	電磁石──正しい実験結果を導き出せ！	78
B	生命・地球●動物の誕生	卵の中の成長	84
B	生命・地球●流水の働き	川の地形と流水の働き	90
B	生命・地球●天気の変化	雲の観察から天気を予想する	96

6 年

A	物質・エネルギー●てこの規則性	"まごの手"でも「てこのきまり」は通用する？	102
A	物質・エネルギー●燃焼の仕組み	気体の正体をつきとめよう	108
A	物質・エネルギー●水溶液の性質	水溶液と金属──モデル化して考えよう	114
B	生命・地球●人の体のつくりと働き	人体モデルエプロンをつくろう	120
B	生命・地球●土地のつくりと変化	火山の働きでできた地層を調べよう	126
B	生命・地球●月と太陽	三日月が見えるのはどんなとき？	132

3年　●A 物質・エネルギー　●光の性質

日光が当たったところの明るさと暖かさ

★体感で確かめたことと測定器具による客観的な測定結果とを比較することにより、日光の性質についての理解を確かなものに深めさせる。

■本時の目標と授業の流れ

目　標　日光が当たると明るく暖かくなり、日光が重なると明るさと暖かさは増すことを理解させる。

教える　日光を重ねると、明るさと暖かさが増すこと

日光が当たったところは暖かくなり、日光を重ねるともっと明るく暖かくなります。

確かに、右手のほうがだんだん暖かくなってきたぞ。

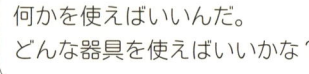
鏡に反射させた日光を当てる

考えさせる　器具を使って、明るさと温度の変化を計測

手では暖かく感じたけど、本当にそうなのかな？明るさや暖かさについて、どうすれば誰でも同じ結果になるように調べられるかな？

何かを使えばいいんだ。どんな器具を使えばいいかな？

■学習指導要領の内容／光の性質
　鏡などを使い，光の進み方や物に光が当たったときの明るさや暖かさを調べ，光の性質についての考えをもつことができるようにする。
　ア　日光は集めたり反射させたりできること。
　イ　物に日光を当てると，物の明るさや暖かさが変わること。

単元の構成　（7時間）

※丸数字の時数を「教えて考えさせる授業」で展開。教 は「教えること」　考 は「考えさせること」

時数	指導内容
1	○日かげに日光をあてよう ・自由試行による活動 ・安全指導（鏡の使い方や，顔に日光を当てないことなど）
②③	○日光が当たったところの明るさや暖かさを調べる 教 日光が当たったところは暖かくなること，日光を重ねるともっと明るく暖かくなること。（予習あり） 考 明るさや暖かさを客観的に表すにはどうすればよいか
4 5	○日光の進み方を調べる ・鏡で反射した日光はどのように進むかを予想させる。 ・どのようにすれば，日光の進む様子を目で見えるようにできるかを考えさせる。
⑥	○虫めがねで日光を集める 教 虫めがねは日光を集めること（予習あり） 考 虫めがねで黒い紙をこがすにはどのようにしたらよいかを考えさせる。
7	○日光を使って色々なことに挑戦しよう ・教科書などを参考に，やってみたいことを決めさせておく。（予習あり）

本時の展開 2時間扱い（90分）

目標：日光が当たると明るく暖かくなり，日光が重なると明るさと暖かさは増すことを理解させる。

教える	説明 5分	〈予習：教科書で本時の学習内容を予習させておく。〉 ①前時の活動をふり返り，本時で学習する日光の性質を説明する。 ・鏡を使って日かげの壁に日光を当てると暖かくなること，そして日光を重ねるともっと明るく暖かくなることを説明する。 ・日光を重ねる様子を教師が演示する。
考えさせる	理解確認 40分	②1枚の鏡の場合の明るさと暖かさを実験で調べさせる。（10分） ・2人ずつのペアになって実験し，日光が当たっている日かげと単なる日かげとの違いを，目や手による実感によって確かめさせる。 ③2枚の鏡で光を重ねた時の明るさと暖かさを実験で調べさせる。（25分） ・5〜6人のグループで実験し，目や手による実感によって，1枚の鏡との比較を行うことで違いを確かめさせる。 ④実験結果を発表させる。（5分） ・目や手によって調べた結果は，説明の通りであることを確認する。
	理解深化 40分	⑤測定器具で，日光を重ねた時の明るさと暖かさを実験で調べさせる。（35分） ・感じ方は人によって違うことから，だれでもはっきりわかる方法がないかと投げかけ，手立てを考えさせる。 ・器具を使った実験を行えば，だれでもはっきりわかる結果が得られることを伝え，使用する器具を紹介する。 ・照度計や電子オルゴール（明るさ），棒温度計や液晶温度計（暖かさ）などの扱い方や値の読み方，注意事項など，各種の測定器具の使い方を説明する。 ・使いたい測定器具ごとのグループに分かれ，それぞれで実験して「明るさ」か「暖かさ」を調べ，結果を記録させる。 ⑥各グループの実験結果を発表させる。（5分） ・どの測定器具を使っても，日光を重ねると明るく暖かくなることを確認する。
	自己評価 5分	⑦2時間を通じての学習感想を書かせる。 ・実験してわかったことを中心に書かせるようにする。 ・よくわからなかったこと，疑問に思ったことも書かせる。 ・時間があれば，数名に発表せる。

※児童の意欲を継続させ，より深く理解させるために，本時は2時間続きの展開とした。もし途中で曇ってしまった場合や，1時間ずつしかとれない時は，「理解深化」と「自己評価」を後の時間に行うようにする。

3年　●A 物質・エネルギー　●光の性質

本時の板書

```
日光が当たったところの明るさやあたたかさをしらべよう
```

○日光のせいしつ　その1
　　かがみではねかえした日光が当たったところは
　　　・明るくなる　・あたたかくなる

○日光のせいしつ　その2
　　かがみではねかえした日光をかさねると，ひとつの時より
　　　・もっとあかるくなる　もっとあたたかくなる

○実けんでたしかめよう
　☆実けん1（ふたりずつ）
　　・かがみではねかえした日光をしらべよう
　　・明るさは？（目で見て）
　　・あたたかさは？（手に日光を当てて）

　☆実けん2（6人ずつ）
　　・日光を重ねていこう
　　・ひとつの時より明るさは？（目で見て）
　　・ひとつの時よりあたたかさは？（手に日光を当てて）

○目で見たり，手に当てて調べたら，日光のせいしつ1，2は，どちらも正しい
　→人によって，明るさやあたたかさのかんじかたはちがう
　→理科らしい，だれでもはっきりとわかる方法は？
　→実けん器具を使って，しらべてみよう

○どれでしらべるか決めよう
　☆明るさを調べる
　　　・しょう度けい　・電子オルゴール
　☆あたたかさを調べる
　　　・ぼう温度計　・えきしょう温度計

○実けんでたしかめよう
　☆実けん3（実けん器具ごとに）
　　・実けん結果
　　　明るさ…………しょう度けい
　　　　　　　　　　　電子オルゴール
　　　あたたかさ……ぼう温度計
　　　　　　　　　　　えきしょう温度計

本時のポイント

■ 予習の内容と指示の出し方

　本時の予習は，教科書で，日光の性質について調べてくることである。具体的には，本時の前の時間の終末に，以下のような内容で指示を出す。

- いつ　　　　　　本時の前日
- どこで　　　　　家で
- 何を，どのように　鏡を使って日かげの壁に日光を当てると暖かさはどうなるか，また，日光を重ねると明るさと暖かさはどう変化するかについて，教科書で調べてワークシートにまとめる。

■ 鏡による反射のさせ方

　鏡で日光を反射させ，それを目標（手のひらなど）に当てたり重ねさせていく場面において，児童が鏡を手で持って行ったのでは，当たる日光の位置がぶれるために正確な実験は難しい。そこで，鏡を地面に立てさせ，それを傾けたり向きを変えたりすることで日光が当たる位置を調節させるようにすると，

比較的日光が当たる位置を固定させやすい。また，日光を当てるところにできるだけ近づけさせると，目標に正確に当てるための微調整がしやすい。

■ 暖かさの体感のさせ方

　1枚の鏡によって日光が当たった時の暖かさを体感させるには，日かげの壁にそって立ち，壁に手の甲を向けて手を広げ，手のひらに日光を当てさせるようにする。この時，目をつぶらせると手に感覚を集中させることができる。なお，複数の鏡で日光を重ねていく場合は，両手を広げさせ，一方に日光をひとつだけ当て続け，もう一方にどんどん日光を重ねさせていくと，暖かさの比較ができるので体感させやすい。

　また，目隠しをさせて黙って日光を当てさせていくとゲーム性を持たせることができ，「あ，今，日光が当たった」「今度は2つ目が重なった」などと，体感させることの効果がある。

■ 器具による実験結果の記録について

　明るさを測るには，照度計のほかに，光電池に電子オルゴールやプロペラをつけたモーターをつないだものが考えられる。一方，暖かさを測るには棒温度計や液晶温度計などが考えられる。これらのうち，照度計や温度計は実験結果が数値で出てくるので，客観性に優れている。それに対して，電子オルゴールやモーターの場合は数値化しにくい。例えば，「倍」という概念を習っていない3年生の児童には，感覚的でも音の大きさを「○倍」と表現することができない。また，モーターにつけたプロペラの回転数を数えるのも難しい。そのため，これらを測定器具として使用する場合は，例えば電子オルゴールの場合は「音がしない」「小さい」「中くらい」「大きい」程度の表現で記録させるようにする。

■ 予備実験や事前準備について

　同じ日かげでもあまり暗くない場所では，電子オルゴールが音を出したりプロペラが回ってしまったりするので，予備実験で実験場所を十分に検討しておく。また，温度計や液晶温度計は，事前に実験場所（日かげ）に出しておいて，実験開始時にその場所の気温を示すようにしておく。

3年 ●A 物質・エネルギー ●光の性質

本時のミニ知識　「日光の進み方」に関する児童の素朴概念

　肉眼で直接とらえることのできない日光の進み方について，本単元に入る前に児童（30人）にアンケートをとった。具体的には，児童からできるだけ様々な予想を出させ，その中から正しいと思うものを1つ選ばせ，さらにそれを選んだ根拠も書かせた。
　すると，次のような結果が出た。

- ぎざぎざに進む………………………………… 2人（ 6.7%）
- まっすぐに進む………………………………… 1人（ 3.3%）
- ぐにゃぐにゃに進む…………………………… 4人（13.3%）
- 広がって進む……………………………………12人（40.0%）
- 消える（日光が壁に当たるまで存在しない）……… 3人（10.0%）
- 投げたボールのようにはずむ………………… 4人（13.3%）
- 適当（そのつどコースが変わる）…………… 4人（13.3%）

　懐中電灯などの点光源に関する先行経験から，「広がって進む」が多いであろうことはだれでも予想がつくが，実際にはこれだけ多様な素朴概念が児童から出てきた。さらに，その多くについて，例えば「はずむ」については，「かがみに当たったんだから，光はかべにぶつかったボールみたいにはずむと思うから」と根拠が書かれていた。このような素朴概念を修正して正しい理解をさせるためにも，先行学習は有効である。

本時の理解確認小テスト問題

○日かげのかべに日光がひとつ当たると，まわりのかべとくらべてどうなりますか？

　　明るさは〔　　　　　　　　〕　　あたたかさは〔　　　　　　　　　〕
　　　（解答例：明るくなる）　　　　　　（解答例：あたたかくなる）

○日光がいくつも重なっていくと，どうなりましたか？

　　明るさは〔　　　　　　　　〕　　あたたかさは〔　　　　　　　　　〕
　　　（解答例：もっと明るくなる）　　　（解答例：もっとあたたかくなる）

○自分が使ったそうちと，その使い方や気をつけることをせつめいしなさい。

　　解答例：しょう度計
　　　・光をはかるところに，かがみで光をあてる。
　　　・はりがせんの間にある時は，近いほうのせんのすう字をよむ。

3年　●A 物質・エネルギー　●物と重さ

形を変えても物の重さは本当に変化しないのか？

★実験を繰り返すことで，形は変わっても重さは変わらないという実感を深めさせる。

■本時の目標と授業の流れ

目標　出入りがないかぎり，形や状態が変わっても重さが変わらないことを理解させる。

教える　姿勢を変えても体重は変化しないこと

家にある体重計の上でいろいろなポーズをとってみよう。みんなの体重は変化するだろうか。いつも身体測定をするときの姿勢からどれだけ変化するか試してみよう。

どんな格好をしても体重は変わらないと思うよ。体重計の目盛りも一緒かな。

考えさせる　粘土やアルミ箔の形を変えたり，ちぎったりしても重さは変わらないか

粘土の形をいろいろ変えてみて重さを調べてみよう。

粘土を平らにしたり，塔のようにしたりして形を変えても重さは変わらないのかな。ちぎった場合はどうなんだろう。

形がある程度変わっても重さは変化しないけれど，平べったくするとさすがに軽くなりそう。

■学習指導要領の内容／物と重さ

粘土などを使い，物の重さや体積を調べ，物の性質についての考えをもつことができるようにする。

　ア　物は，形が変わっても重さは変わらないこと。
　イ　物は，体積が同じでも重さは違うことがあること。

単元の構成　（7時間）

※丸数字の時数を「教えて考えさせる授業」で展開。教 は「教えること」考 は「考えさせること」

時数	指導内容
1	○いろいろな物の重さをはかってみよう ・身近な物の重さを，手に持った感覚で比べてみる。 ・実際にはかりではかって，予想と比べる。
②	○形を変えたときの重さを調べてみよう 　（予習：体重計の上でいろいろな姿勢をした時の体重を調べさせる。） 教 同じ重さで作った球形と直方体の粘土を持ってみて，その重さを手応えで調べた後，重さが変わっていないことを確かめる。 考 粘土の形をいろいろ変えて，重さが変化するか調べる。
3	・発展課題：アルミ箔を丸めた場合に，重さが変化するか調べる。
④ ⑤	○同じ体積で重さを比べてみよう 　（予習：食塩，砂糖，小麦粉の重さ調べ） 教 重さに違いがあるかどうかは，同じ体積にして調べればよいことを教えて，食塩と砂糖，小麦粉の重さを調べる。 考 同じ体積の木片，ゴム片，金属片，プラスチック片について，まず手の感覚で重さを比べてから，実際の重さを調べる。
6	・発展課題：同じ大きさのカップに砂やおがくず，砂鉄を集めて，その重さの違いを調べてみる。
7	○鉄球と粘土の重さがどのように変化するか調べてみよう ・鉄球と粘土球を並べたとき，鉄球を粘土で包んだとき，粘土球の上に鉄球を乗せたときなど，様々なパターンで重さの変化を調べてみる。

本時の展開

目標：出入りがないかぎり，形や状態が変わっても重さが変わらないことを理解させる。
準備：はかり（台ばかり），粘土，アルミ箔

教える	説明 10分	〈予習：体重計の上でいろいろな姿勢をした時の体重を調べさせる。〉 **①体重計の上でいろいろな姿勢をとった時の体重の変化について発表させる。** ・自分が体重計の上で姿勢を変えた時の体重がどのようになったか発表し，それぞれの考えを確認させる。 ・姿勢を安定させないではかったり，体重計の誤差により，「変化している」と考える子もでてくる。発表させることで，それぞれの考えの違いを明確にする。 〈考えられる意見〉 ・片足立ちでも腰を下ろしても，どんな時も体重計の目盛りは変化しない。 ・姿勢を変えた時に一瞬変化するから，変わるときがあるかもしれない。 ・私が姿勢を変えた時は，体重計の目盛りも変わっていたような気がする。
考えさせる	理解確認 10分	**②球形の粘土と直方体の粘土で重さが違うか考えさせる。** ・自分の体重では動いてはかりにくいので，粘土で考えるように伝える。 ・同じ重さの粘土で作った2つの球形の粘土を，一方だけ直方体に変え，球形と直方体では，手で持った感じでどちらが重いか考えさせる。 ・球形の粘土と直方体の粘土の重さをはかり，重さが変わらないことをみんなで確認する。
	理解深化 20分	**③粘土の形をいろいろ変化させて，その重さがどうなるか調べる。** ・平べったい形，塔のように高くした形，いくつにも分割した時，へびのように細長くした時の重さをはかってみる。 ・手で持った感覚を確かめたり，重さが変わりそうな形はないか，みんなで相談しながら実験させる。 ・どんな形にしても重さは変わらないんだという実感が持てるまで，繰り返し実験させるようにする。
	自己評価 5分	**④形が変わっても物の重さが変わらないことの確信度を確認する。** **⑤発展課題について考えさせる。** ・粘土以外の物も，形を変えても重さは変わらないのか考えさせる。 ・アルミ箔を何枚か重ねて重さをはかる。それをぐっと丸めたとき，重さはどうなるか予想させる。（実験は次時に行う。）

●A 物質・エネルギー　●物と重さ

本時の板書

```
形を変えても重さは変わらないのだろうか
○体重の場合は？                結果    ○○○○           ⬭
  ・どんな姿をしても同じ体重だった           細かく（同じ）      平べったく（同じ）
  ・同じだったけれど，本当は変わる        ～～～～         ⬬
    と思う                      へびのように（同じ）   とうのように（同じ）
  ・少し変わったような気がした     考えたこと
○粘土の場合は？               ・どんな形にしても重さは変わらない。
  ○    □    同じ重さだろうか   ・体重の時も同じで重さが変わることはないと思う。
```

本時のポイント

■ 体重計の上でいろいろな姿勢をとったときの体重の変化

　身近な物の重さをはかり，重さに対する興味を高めたところで，自分の体重を各家庭ではかってくるように伝える。健康診断の時のような直立の姿勢だけではなく，いろいろな姿勢ではかってみる。その時に，体重が変化するか調べてみる。

　この時に事前に注意しておきたいことがある。各家庭にある簡易体重計は，目盛りがふらつきやすい。動きの途中で目盛りを見てしまうと，体重が増えたり減ったりしているように見えてしまう。しっかり動きを止めて，目盛りの動きも止まってから読み取るように指導しておきたい。

　座った姿勢，片足立ちの姿勢，両手両足をついた姿勢など，いろいろな姿勢で体重計の目盛りを見てみるように指導する。家庭に体重計がない場合は，保健室に協力してもらい，休み時間などにはからせるようにしたい。

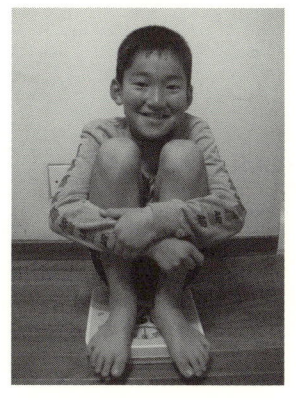  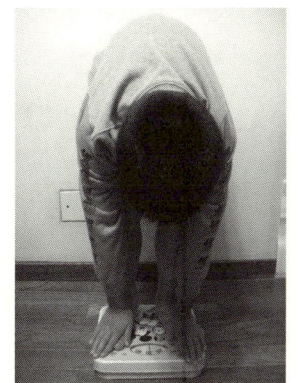

そして、各家庭で実験してきた結果をそれぞれ発表する。子どもによっては、体重計の値が姿勢によって変わったと感じている子がいるかもしれないし、意外に変わらなかったと発表する子がいるかもしれない。どちらにしても確信をもっているわけではないので、もっとわかりやすい粘土で考えるようにしていく。

■ 球形の粘土と直方体の粘土で重さが違うか考えさせる

球形の粘土を2つ用意する。同じ重さであることを簡易てんびんで示し、片方の粘土だけを直方体に変形する。そのときの粘土の重さがどうなるか、実際に手で触ってみながら予想してみる。

同じ重さの粘土を使うので、重さは変わらないと考える子も多いが、手に持った瞬間に、重さが変わっていると考える子がでてくる。

その段階で、再度、簡易てんびんにつるしたり、はかりの上に乗せたりして、同じ重さであることがわかる。

■ 粘土をいろいろな形に変えると重さはどうなるのだろうか

球形の粘土を直方体にしても重さは変わらなかった。それでは、平べったくしたらどうなるだろうか。塔のように高くしたらどうなるだろうか。ちぎって細かくしたらどうだろうか。子どもたちは、いろいろな形を試したくなってくるはずである。

ここで、単に形を変えて重さをはかるのではなく、友達同士、こんな形だったら重さが変わるかもしれないと思えるようなものを考えながら、挑戦してみる。それでも、どんな形にしても重さは変わらないことがわかってくる。実験を繰り返すことで、形によって重さが変わることはないという実感を深めていきたい。

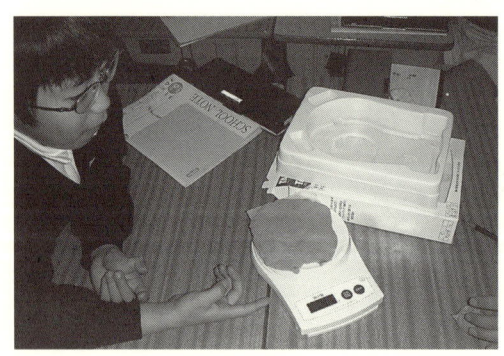

3年　●A 物質・エネルギー　●物と重さ

粘土で何度も体験した後，今度は，アルミ箔を提示してみる。アルミ箔の重さをはかった後，ぎゅっと丸めた時，重さはどうなるか質問してみる。実際の実験は次時になるが，子どもの思考を探る上で参考になるのではないだろうか。

本時のミニ知識　　質量保存の法則

化学反応においては，反応前の物質の質量と反応後にできた物質の全質量は等しいという法則である。小学校では，質量ではなく，重さという表現を使う。厳密に言うと質量と重さは違う。重さは重力の影響を受けるので，月と地球では違う値になる。しかし，質量はその物質固有のもので，どこでも同じ値である。実生活では，ほとんどその違いを気にする必要はないので，ここでは重さも質量も同じとして扱う。

また，本時で扱うのは化学反応ではないが，外からの出入りがないかぎり質量が保存されるという意味で，質量保存の法則を理解していく。

●本時の理解確認小テスト問題●

■獲得させたい知識を問う問題

球形の粘土の形を変えていきました。最初の重さと変わるものには○を，変わらないものには×をつけましょう。（どれも粘土を付け加えたり，取り除いたりしません。）

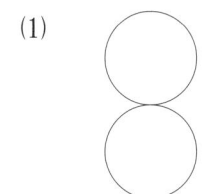

(1) 粘土を2つに分け図のように重ねる

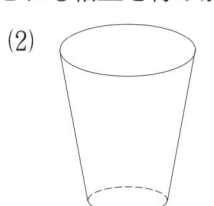

(2) 粘土を図のような形にする

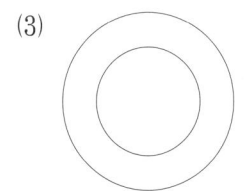

(3) 球の中を空どうにして，ひとまわり大きくする

■理解深化課題に関する問題

アルミ箔の重さをはかります。そのアルミ箔をぎゅっと丸めたとき，その重さはどうなると思いますか。そう考える理由も書きましょう。

（○）重さは変わらない　（　）軽くなる　（　）重くなる

理由〔解答例：形が変わっただけで，付け加わったり減ったりはしていないから。〕

3年 ●B 生命・地球 ●身近な自然の観察

身近な自然しらべ──校庭の自然を見直そう

★観察活動を通して，身近な自然の範囲を広げていく。

■本時の目標と授業の流れ

目　標　校庭の草花の観察活動を通して，植物は色，形，大きさなどの姿が違うことを理解させる。

教える　校庭にある草花の種類

> このきれいな花，見たことある？「ホトケノザ」という名前で，学校の校庭でも見られます。

> 学校の中にヘビイチゴやホトケノザって咲いているんだ！知らなかったー！

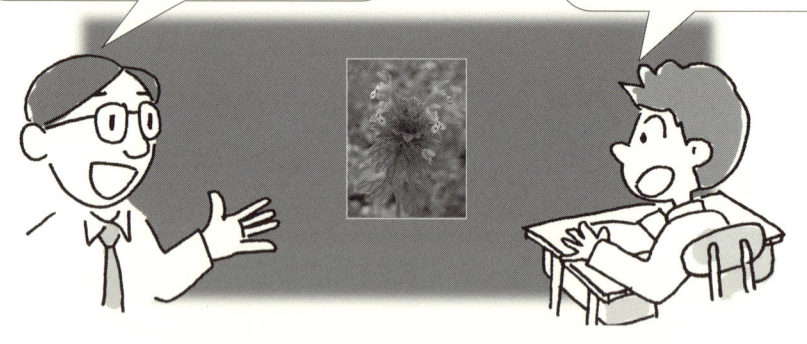

校庭に咲く草花の写真を6種類スライドで紹介し，正しい名前を説明する

考えさせる　実物の採集と，色，形，大きさによる仲間分け

> 6種類の草花を確かめながら，草花を集めてみよう！

> 集めた草花を色，形，大きさで仲間分けしてみよう。

写真をもとに中庭で草花を探し，新聞紙にはさみながら採集活動を行う。
↓
色・形・大きさなどを比べる。

■学習指導要領の内容／身近な自然の観察

　身の回りの生物の様子を調べ，生物とその周辺の環境についての考えをもつことができるようにする。
　ア　生物は，色，形，大きさなどの姿が違うこと。
　イ　生物は，その周辺の環境とかかわって生きていること。

単元の構成　（8時間）

※丸数字の時数を「教えて考えさせる授業」で展開。**教**は「教えること」**考**は「考えさせること」

時数	指導内容
①②	○校庭の草花を集め，色，形，大きさなどの姿を調べる（理科開きの時間） **教** 校庭に咲く草花の種類と，由来も含めた正しい名前を説明する。（教科書，ラミネート写真，図鑑等を使用） **考** 実物の採集活動を行い，色，形，大きさなどの姿には，違いがあることを考える。（2時間扱いでできる場合は，観察記録をノートにとる）
③④	○前庭の池や学校の脇を流れる小川等の生き物の様子を調べる **教** 生活科を学習の足場とし，池では，メダカ，オタマジャクシ，ヤゴ等を見たことを想起させる。（教科書，図鑑，ビデオ映像を利用） **考** 色，形，大きさなどの姿の違いを話題にしながら，クロスジギンヤンマの羽化の発見について考え，ヤゴを採集して教室の水槽で観察をする。
⑤⑥	○絶滅危惧種を知り，生物とその周辺の環境について考えをもつ（里山編） **教** 校区内の里山に生息するオオイタサンショウウオの減少を取りあげ，児童が興味を持って調べたくなるよう図鑑や資料を基に説明する。 **考** 実際にオオイタサンショウウオの卵やヤマアカガエルの卵を観察記録し，生物とその周辺の環境とのかかわりについて考えさせる（指標種がよい）。
⑦⑧	○身近な自然の範囲を広げるため，河川上流の生物を調べる（河川編） **教** 校区を流れる青江川の水生昆虫の様子（自作デジタルコンテンツ〈画像・動画〉を使用） **考** 青江川で水生昆虫の採集活動を行い，色，形，大きさなどの違いについて調べ，生物とその周辺の環境とのかかわりについて考えさせる。

本時の展開　2時間扱い（90分）

目標：校庭の草花の観察活動を通して，植物は色，形，大きさなどの姿が違うことを理解させる。

教える	説明 15分	〈予習：教科書に出てくる草花の名前を調べておく。〉 ①校庭で見つけられる草花の様子と名前について説明する。（理科室） ・予習で調べた植物の名前について子どもに発表させたあと，教師からスライド写真で以下の6種類の植物を提示し，学校内で見つけることができることを説明する。 【提示する6種類の植物】オオイヌノフグリ／カラスノエンドウ／タンポポ／ナズナ／ヘビイチゴ／ホトケノザ ・校庭のどこにあるのか，おおよその見当がつけられるよう話題を膨らませる。 ・花の色，草丈の大きさ，どのような格好なのか，探すための視点も与える。
考えさせる	理解確認 30分	②校庭に出て，2人一組で草花の採集活動をする。 ・「校庭で，6種類の草花を見つけよう」と課題を板書する。 ・校庭で採集するために同定しやすいカラー写真と採集用の新聞紙を配付し，根元から1つだけ抜いてくるよう指示する。（環境への優しさ） ・2人で一組（バディ）を作り，対話をしながら「草花見つけ」を開始する。 ・6種類の草花に限定をしておき，集めることができたら教師へ知らせる。 ・6種類の草花の特徴に一致するかどうかは，2人で相談しながら進めていくが，教師へ確認を求められた場合は，必要に応じて情報を与える。 ・他の草花に興味を持つ子どももいるが，限られた時間の採集活動になるので，子どもが興味を持った花の名前は教え，他の採集の指示は出さない。
	理解深化 30分	③理科室に戻り，色，形，大きさの3つの視点に沿って仲間分けをさせる。 ・6つの草花は，色や形や大きさで分けるといくつのグループになるだろうかと問い，仲間分けをさせる。 ・集めた草花をテーブルに広げ，理科室の班（グループ）ごとに話し合い，色，大きさ，形を視点に違いを比べ，写真カードを使って仲間分けをさせる。 ・発表の時間を作り，今日の発見として黒板に写真を整理していく。 ・「色だと5つの仲間に分けられる」「大きさだと小さいのと大きいのと2つの仲間だ」「形は……いろいろだ！」等の発言を取り上げてまとめていく。 ・学校の中庭で，草花○○○○○を見つけてビックリ等の感想に触れさせる。
	自己評価 15分	④学習を振り返り，わかったことを「お知らせシート」に書かせる。 ・初めての学習を振り返り，わかったことを紙（お知らせシート）に書かせる。 ・観察結果やわかったこと等とは別に，授業の感想も必ず書かせる。 ・時間的に余裕があれば，観察記録を作らせたい。採集を伴う学習活動なので，多くの子どもが好印象を持つことが予想される。さらに，総合的な学習の時間等を使って発展的に学習ができる場合は，7種類目を許可する。

3年　●B 生命・地球　●身近な自然の観察

本時の板書　※プロジェクターと黒板を併用する

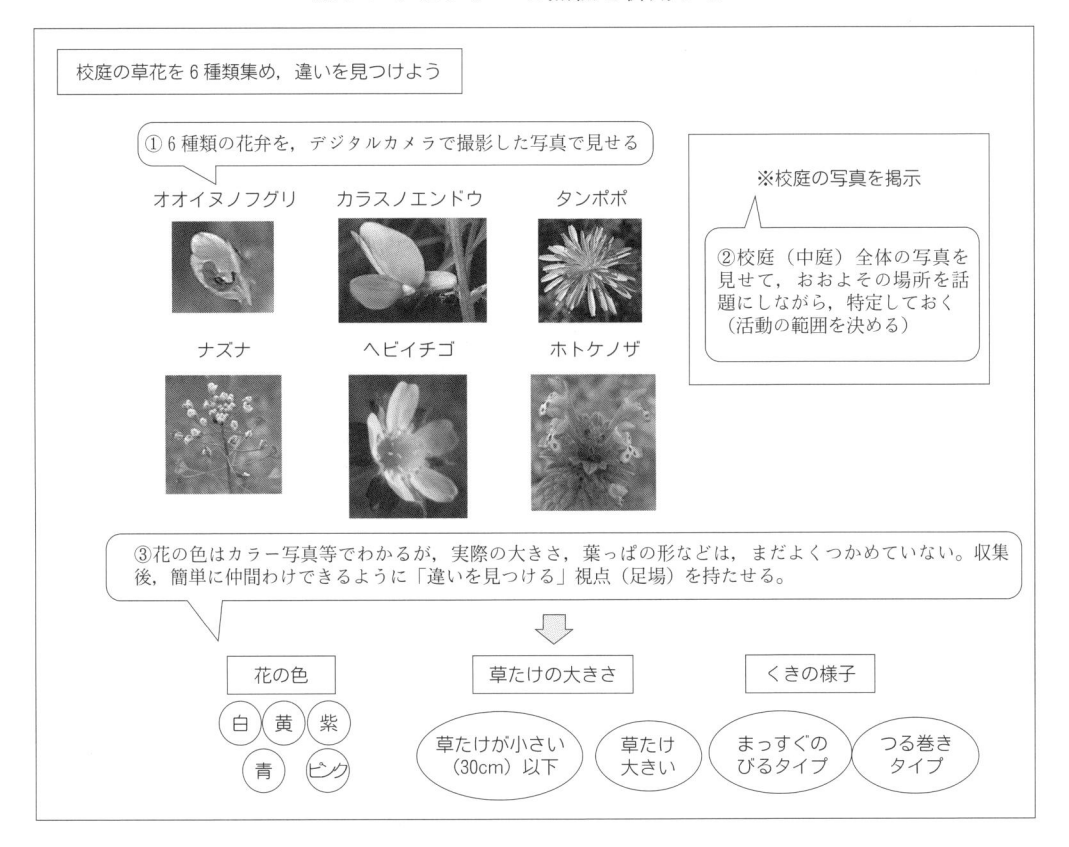

校庭の草花を6種類集め，違いを見つけよう

①6種類の花弁を，デジタルカメラで撮影した写真で見せる

オオイヌノフグリ　　カラスノエンドウ　　タンポポ

ナズナ　　ヘビイチゴ　　ホトケノザ

※校庭の写真を掲示

②校庭（中庭）全体の写真を見せて，おおよその場所を話題にしながら，特定しておく（活動の範囲を決める）

③花の色はカラー写真等でわかるが，実際の大きさ，葉っぱの形などは，まだよくつかめていない。収集後，簡単に仲間わけできるように「違いを見つける」視点（足場）を持たせる。

花の色
- 白　黄　紫
- 青　ピンク

草たけの大きさ
- 草たけが小さい（30cm）以下
- 草たけ大きい

くきの様子
- まっすぐのびるタイプ
- つる巻きタイプ

本時のポイント

■ 予習の内容と指示の出し方

(1) 予習内容

　本単元は，「理科」という教科との出会い，すなわち，「理科開き」の時間となる。したがって，この授業のイメージが，その後の1年間の学びを左右すると言っても過言ではない。予習をさせる場合は，2つ考えられる。1つ目は，低学年の生活科との接続を意識した課題として，「春見つけ」で出会った草花をイラスト・カット集から抜き出して「ぬり絵」をさせる。2つ目は，教科書に登場する草花を調べさせる。名前を書く程度に留めるとよいかもしれない。新しい教科との出会いを膨らませるため，「教科書はあえて見せない」という授業を目指すのではなく，「教科書を有効に活用させる」という授業を考えたい。

(2) 予習の指示の仕方（平成21年度以降の「資料」や「新教科書」を参考にする）
　①いつ　　　　本時の前の時間に，宿題として行うように指示する。
　②どこで　　　家（宿題）や学校（朝の読書タイム）でやってくる。
　③何を　　　　学校内に生えている草花（花）の学習を行うことを知らせておく。
　④どのように　教科書に掲載されている植物の写真を見て，植物の名前を書き記したり，イラストカットにぬり絵をさせたりしてくる。「図鑑やインターネットで調べてもよいか」と尋ねられた場合のみ，「いいよ」と伝え，そこまでを宿題とはしないことを確認する。

■ 本時の指導技術
○　花弁の写真を撮影するデジタルカメラを駆使した教材作成は，「マクロ機能」が欠かせない。3cmまでの接写が可能なデジタルカメラかどうか，新規購入の際にはスペックのチェックをしっかりしておく。また，デジタルカメラの画像出力端子をプロジェクター（6万円程度，2000ルーメン，SVGA仕様でもOK）と接続させれば，パソコンを使わずに簡単に自作のデジタルコンテンツを授業に活かすことができる。

○　写真カードの裏には，色，形，大きさなどの情報を書き込むようにしておくと，発見的な学習活動を，決められた時間内に円滑に行うことができる。子どもたちの「できる」「わかる」という喜びを支えることが「理科好き」を育てる最高の支援である。

○　6種類の草花で子どもが満足するか不安に思うかもしれない。しかし，「何でも調べていいよ，先生はわからないけど」といった展開より，6種類の草花をしっかり理解できる授業の方が学習者の満足度は高く，長期記憶に残る。また，観察ノートや記録用紙に書き込むことを考えても，6種類程度がちょうどよい。この見極めも大切な指導技術となる。（理科へ苦手意識のある人も，6種類でよい授業ができる。）

○　最低単位の2人組（バディ）の相談で学習を進めること。日頃から学習練習を積み重ねていくきっかけとなる。その後，グループ（3人～5人）における協調学習を目標とする。授業者は，学習者同士の「対話」を増やすことを意図していく。

○　「きれい！」「かわいい！」といった声を発する子どもが必ずいるので，そうした発言に対しては，「本当だね」「美しいなぁ」といった共感的な反応を教師からも返すようにして子どもの発見の価値を認めること。誉めることが大切である。理科の目標でもある「自然を愛する心情」を育てるということを意識して指導する。

3年　●B 生命・地球　●身近な自然の観察

本時のミニ知識

　本時の教材として持ち込んだ草花は6種類に限定をした。タンポポ（キク科），ナズナ（アブラナ科），オオイヌノフグリ（ゴマノハクサ科），カラスノエンドウ（マメ科），ヘビイチゴ（ヘビイチゴ科），ホトケノザ（シソ科）である。最初に何科の草花と出会わせておくか，選択の際の指導者の見通しが，例えば，小学校4年生の「季節と生き物」の単元導入をスムーズにしたり，中学校での「植物の生活と種類」の学習への接続を効果的にしていくだろう。上記で紹介した6種は，所属校におけるほんの一例に過ぎない。

　この他にも，校庭で発見が予想されるオランダミミナグサ，カタバミ，キュリグサ，セリ，トキワハゼ，ハコベ，ハハコグサ，ノゲシ，ハルジオン，スズメノカタビラ等は，中学校理科の教科書にも記されており，日本全国の校庭で観察ができる。それぞれの特徴を知っておき，あらかじめ，自分で撮影したデジタル画像をカード化しておけば，突然の子どもの質問にも困らない。

　本単元において，もっとも肝心なことは，指導者自身が草花の「美しさ」を再発見し，草花集めが「楽しい」と感じる心を持っておくことである。日頃から写真を撮り集め，指導者自身が草花について「知っている」ことは，自分自身を助けることにもなる。

●本時の理解確認小テスト問題●

■獲得させたい知識を問う問題
　①ナズナ，②ヘビイチゴ，③ホトケノザの花びらは，何色ですか。（色の種類）
　解答　①（白）　　②（黄）　　③（うす紫）

■獲得させたい思考を問う問題
　草たけ（背の高さ）が，もっとも大きかった草花は，次のうちどれでしょう。
　①ナズナ　②ホトケノザ　③オオイヌノフグリ　（解答：①ナズナ）

■理解深化課題に関する問題
　アサガオのように巻きついていくのはどれでしょう。（　）に○をつけましょう。

　　（　○　）　　　　　　　（　　）　　　　　　　（　　）

3年　●B 生命・地球　●太陽と地面の様子

日なたと日陰の温度差は？

★観察を通して，日なたと日陰の温度差の理由を考えさせる。

■本時の目標と授業の流れ

目　標　冬の日なたと日陰の地面の温度を比較し，日なたの地面は，太陽の光によって暖められていることを理解させる。

教える　日なたと日陰の温度差

日なたと日陰の地面には温度差があります。

雪がとけるとけないほどちがうんだ！

考えさせる　午前9時では温度差がない理由

午前9時の日なたと日陰では，どれくらい温度差があるのだろう。

あれっ？　日なたも日陰もあまり温度が変わらないよ。

1時間後はどうなるかな？

1℃くらいは違うけど…

■**学習指導要領の内容／太陽と地面の様子**……………………………………………

　日陰の位置の変化や，日なたと日陰の地面の様子を調べ，太陽と地面の様子との関係についての考えをもつことができるようにする。

　ア　日陰は太陽の光を遮るとでき，日陰の位置は太陽の動きによって変わること。
　イ　地面は太陽によって暖められ，日なたと日陰では地面の暖かさや湿り気に違いがあること。

※本単元はイの内容に該当する。

単元の構成　（5時間）

※教科書では，10月頃に実施するように計画されている場合が多い。しかし，今回は，1日の温度変化の差が少ない12月頃，もしくは1月頃に実施する。

時数	指導内容
①	○日なたと日陰の地面の様子を調べる （予習：家や学校の周りの様子を東・西・南・北に分けて調べさせる。） 教 日なたと日陰では，明るさや暖かさ，湿り気に違いがあること。 考 日なたと日陰で暖かさや湿り気が違う理由（地面を手で触って調べる）。
②	○温度計の使い方 （予習：温度計の使い方を教科書を使って調べさせる。） 教 日なたと日陰の地面の温度の調べ方。 考 温度計を使って水やお湯の温度を調べる。 　　太陽の光が直接温度計に当たらないように，紙や竹でおおいをする理由。
③ ④	○午前9時頃と10時頃の日なたと日陰の地面を温度計を使って調べる （予習：日なたと日陰の地面の温度を教科書を使って調べさせる。） 教 日なたと日陰の地面には，温度の違いがあること。 考 午前9時頃の日なたと日陰の地面では，温度にあまり差がない理由。
⑤	○午前11時頃と正午頃の日なたと日陰の地面を温度計を使って調べる （予習：午前11時頃と正午頃の日なたと日陰の地面を，休み時間などに温度計を使って調べ，教科書に書かれている温度と比べさせる。） 教 太陽の高さによって地面に当たる太陽の光の量に違いがあること。 考 時刻や季節によって，日なたと日陰の地面の温度差に違いがある理由。

本時の展開　2時間扱い（90分）

目標：冬の日なたと日陰の地面の温度を比較し，日なたの地面は，太陽の光によって暖められていることを理解させる。

教える	説明 10分	〈予習：教科書を使って，10月頃の日なたと日陰の地面の温度を調べさせる。〉 ①雪の日の写真を使って，冬でも日なたと日陰の地面には温度の違いがあることを説明する。 ・一人一人に写真を配り，雪がとけているところと残っているところがある理由を話し合わせる。 ・実際に撮影した場所で確認し，雪がとけているところが日なたで，雪が残っているところが日陰になっていることを確認する。
考えさせる	理解確認 5分	②子どもたちに理解度を自己評定させる。（1回目） ・日なたと日陰の地面の温度に対する現時点での理解度を，5段階で自己評定させる。それに合わせてネームプレートを貼らせる。 ・日なたと日陰の地面の温度に，何℃ぐらい差があるか予想させ，ネームプレートの横に書かせる。何人かの子どもに予想した理由を聞く。
	理解深化 70分	③午前9時頃の日なたと日陰の地面の温度を調べさせる。（15分） ・正午頃まで，日なた日陰の変化がない場所を選んで観察させる。 ④午前9時頃の日なたと日陰の地面では，温度にあまり差がない理由を考えさせる。（25分） ・グループごとに観察結果を発表し，日なたと日陰の地面の温度にあまり差がないことを確認させる。 ・温度にあまり差がない理由についてグループで話し合わせる。このとき，これまでの子どもたちの経験などを発表させてもよい。 ⑤午前10時頃の日なたと日陰の地面の温度を調べさせる。（20分） ・③と同じ場所で観察させる。 ・日なたと日陰の地面それぞれの温度だけでなく，日なたと日陰の温度差もグループごとに発表させ，表にまとめる。 ・太陽の光と関係付けて考察させる。 ⑥午前11時頃と正午頃の地面の温度を予想させる。（10分） ・日なたと日陰の地面の温度を予想させ，理由も合わせてノートに書かせる。 ・数名の子どもに発表させる。
	自己評価 5分	⑦②と同じ方法で，理解の深まり具合を自己評定させる。（2回目） ⑧今日の授業の感想を書かせる。 ・自分の考えや理解度の変化を意識して書くように促す。

3年　●B 生命・地球　●太陽と地面の様子

本時の板書

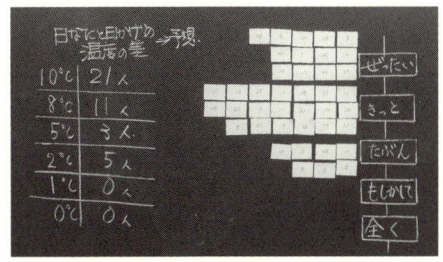

本時のポイント

■ 予習のさせ方

　前時までの学習から生まれた子どもたちの「はやく温度計を使って調べてみたい」という思いを大切にして，教科書を参考に，日なたと日陰の地面の温度を調べる宿題を出す。教科書では10月頃実施することになっていて，実際に観察する状況とは異なるものの，子どもたちは特に疑問には思わないだろう。この時点で子どもたちには，観察する状況が夏なのか，冬なのかということを判断しなければならないという意識はない。

　また，教科書には，観察の結果として右の図のように示してあるものが多い。そこで，教科書に直接温度を書き込ませる。ノートに書く手間を省くとともに，実際に温度計を使うときに目盛りを読む技能として役立つ。

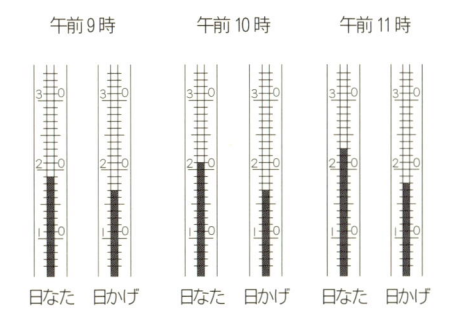

■ 教師の説明の仕方

　まず，「日なたと日陰の地面には温度の差がある」と板書する。その後，雪の日の学校の様子を写真で提示する。（次ページ参照。雪がとけているところと残っているところがあり，その境が一直線になっている。）

　この写真を見て，子どもたちは雪のとけ方のおもしろさに気づき，「誰かが雪かきしたのかな」など，いろいろなことをつぶやく。しかし，しばらくすると，「校舎の影のせいではないかな」という考えを発言するようになる。この時点で，「日なたの地面の温度が高い」という知識を使い，多くの子どもたちが写真の雪のとけ方を説明すること

45

ができるだろう。
　そこで，撮影した場所を伝え，校舎の影を確認させるとともに，雪がとけているところが日なたで，雪が残っているところが日陰であることをあらためて説明する。このことにより，子どもたちは「日なたと日陰では，雪がとける，とけないほどの温度の違いがある」という知識から学習をスタートさせることになる。

■ **理解深化**──午前9時頃の日なたと日陰の地面の温度差はどのくらいだろうか？
　この問いかけにより，その後の温度計を使った観察が「日なたと日陰の地面には，温度の違いがあること」を確認するものから，「何℃くらいの温度差があるのか」という，より具体的な結果を求めるものとなるとともに，一人一人の子どもたちに予想をもたせることができる。
　雪がとける場所ととけない場所のイメージから「雪がとける，とけないほど大きな違いがある」と多くの子どもたちが予想する。しかし，実際に午前9時の地面を調べてみても，日なたと日陰の温度差は，1℃ほどしかない。なかには「ほとんど変わらない」というグループもあり，子どもたちはとまどいを感じるだろう。
　冬に観察させるからこそ，午前9時の日なたと日陰の地面の温度は，ほとんど変わらない。子どもたちにとって，この結果は教科書とも，写真を見て得た知識ともズレているように思えるだろう。「どうして日なたと日陰の地面でほとんど変わらないのだろう」と疑問をもつ子どももいれば，「1℃ぐらいは変わるから教科書通りだ」と考える子どももいて，そのとらえ方は，様々である。太陽との関係よりも「冬は寒い」という経験からもっている知識を優先して考える子どももいるかもしれない。
　この「1℃も変わらない」という観察結果が，「わかったつもり」の子どもたちをゆさぶるきっかけになる。ぜひ，この違いを交流させたい。
　その後，1時間ごとに日なたと日陰の地面の温度を調べ，温度差が広がっていくことに歓声を上げることになる。

■ **理解度の自己評定**──「ぜったい」から「きっと」「たぶん」に
　もともと3年生のメタ認知にはあいまいな面がある。今回も1回目の理解度評定で「ぜったい」の横にネームプレートを貼ったにもかかわらず，日なたと日陰の地面の温

度差を「10℃ぐらい」と答える子どもが多く見られた。

　しかし，実際に午前9時，10時と温度を調べた後の2回目の理解度評定では，1回目に「ぜったい」と自己評定した子どもたちの多くが，「きっと」「たぶん」に変化した。これは，おそらく「わかったつもり」になっていたことに子どもたちが気づいたことの表れであり，より詳しく観察しようとする問題意識が高まった結果であろう。

本時のミニ知識　　日なたから温度が下がりはじめるわけは？

　今回，午前9時から正午まで，1時間ごとに4回観察した。午前9時頃には，1℃もなかった日なたと日陰の地面の温度差は，正午頃には5℃近くまで広がった。一応，ここで予定していた観察は終わりであるが，子どもたちが午後1時，2時も調べたいと言い，休み時間を使って観察を続けることにした。子どもたちは，観察を続ければ，温度差はどんどん広がると思っていたのだろう。

　ところが，午後1時ごろに観察すると，日陰の温度が少し上がったのに対して，日なたの地面の温度がわずかに下がったのである。子どもたちは，「あまり変わらない」とつぶやくものの，その後，午後2時頃に日なたの地面の温度を観察すると2℃近く下がっている。太陽の光は当たり続けているものの，日なたから温度が下がるのである。

　日なたの地面の温度から下がったことは，午前中に日なたの地面の温度が上がったことにも関係がある。午前中に日なたの地面の温度が上がったのは，太陽の光が当たり続けたことだけが原因ではなく，「太陽の高さ」が高くなったことにも関係がある。太陽の高さが高くなると，図のように地面に当たる光の量が多くなるのである。つまり，日なたから温度が下がりはじめたのは，「太陽の高さが低くなったから」である。もちろん，このことを子どもたち自身が見いだすのは困難なことである。

　今回も，子どもたちは「太陽の動き」と「光の性質」についてすでに学習しており，「太陽の高さが高くなると光の量が多くなる」ことを教えて授業を終えた。

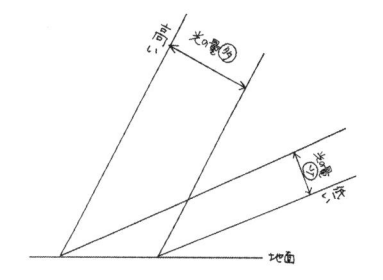

4年　●A 物質・エネルギー　●電気の働き

乾電池の並列つなぎ——電池を抜いたときの明るさは？

★乾電池を1つ抜いても明るさが変化しない不思議な現象を，電池の消耗という視点でみていく。

■本時の目標と授業の流れ

目標

- 乾電池2つの並列つなぎは，乾電池1つのつなぎ方のときと豆電球の明るさやモーターを回す速さはほとんど同じであることを理解させる。
- 並列つなぎは，どちらの乾電池を1つ取り外しても豆電球は消えないし，モーターも回り続けることを理解させる。

教える　乾電池を並列につないだときは，乾電池1個のときと変わらないこと

「乾電池を並列につないだときは，豆電球の明るさもモーターの回る速さも，乾電池1個のときと，ほとんど変わりません。」

考えさせる　並列つなぎの乾電池を1つ抜いたら，豆電球の明るさはどうなるか

「抜いたら，流れがおかしくなるからつかなくなるのでは…」

「豆電球がついているときに，乾電池を1つ抜き取ったらどうなるだろうか。」

「じゃあ，何がちがうの？」

「でも，1つの輪のようなつながっているのが残るよ。だからついたままじゃないのかなあ。」

■学習指導要領の内容／電気の働き

　乾電池や光電池に豆電球やモーターなどをつなぎ，乾電池や光電池の働きを調べ，電気の働きについての考えを持つことができるようにする。
　ア　乾電池の数やつなぎ方を変えると，豆電球の明るさやモーターの回り方が変わること。
　イ　光電池を使ってモーターを回すことなどができること。

単元の構成 （11時間）

※丸数字の時数を「教えて考えさせる授業」で展開。教は「教えること」考は「考えさせること」

時数	指導内容
1 2	○乾電池とモーター・豆電球 ・回路を構成し，「回路」と「電流」を説明する。 ・乾電池でモーターを回したり豆電球を点けたりする。 ・乾電池の向きを反対にするとモーターは逆回りをする。豆電球の明るさは変わらない。
③	○乾電池の直列つなぎ 教 乾電池2つの直列つなぎは，乾電池1つのときより豆電球は明るくなり，モーターの回り方も速くなること。（予習あり） 考 乾電池を3つにしたら，明るさや速さはどうなるか。
④ ⑤	○乾電池の並列つなぎ 教 乾電池2つの並列つなぎは，乾電池1つのときと豆電球の明るさやモーターを回す速さはほとんど同じであること。（予習あり） 考 乾電池を1つ抜いたら，豆電球の明るさはどうなるか。 ・並列つなぎを，直列つなぎ，乾電池1つの回路とともに，翌日まで点灯させる。 ・つなぎ方によるパワーの違いについて話し合う。
⑥	○検流計の使い方と電流の強さ 教 検流計の使い方 考 いろいろな回路を組み立てて，検流計で電流の強さを計ってみる。
7 8	○光電池の働き ・光電池の回路を構成して，モーターを回したり豆電球を点けたりする。 ・太陽の光をさえぎったりして，光の量との関係をつかむ。

9 10 11	○乾電池や光電池で遊ぼう ・乾電池や光電池で動くものを作る。（オルゴール，自動車など）

本時の展開

目標：
- 乾電池2つの並列つなぎは，乾電池1つのつなぎ方のときと豆電球の明るさやモーターを回す速さはほとんど同じであることを理解させる。
- 並列つなぎは，どちらの乾電池を1つ取り外しても豆電球は消えないし，モーターも回り続けることを理解させる。

教える	説明 10分	①予習で全文視写した乾電池2つの並列つなぎの内容を確認した後，教師が図解したり演示実験したりしながら説明する。 ・予習内容を共書きして，本時の学習内容を再確認する。 ・並列つなぎのつなぎ方を確認し，回路図を書きながら説明する。 ・実際に並列つなぎの回路を構成し，豆電球の明るさやモーターの回転数が，乾電池1つの時と変わらないことを示す。
考えさせる	理解確認 15分	②班ごとの実験で確認させる。 ・乾電池2個と豆電球1つで並列つなぎを構成させる。 ・乾電池2個の直列つなぎと明るさを比較させる。 ・豆電球のかわりにモーターでも確認させる。 ・教師の説明をモデルにして，事象の違いを，班の中で説明し合わせる。
	理解深化 15分	③並列つなぎになっている乾電池の一方を取り外したらどうなるかを考えさせる。 （各班ごとの実験） ・「乾電池を1つ取り外したら明るさはどうなるか」と問い，並列つなぎの知識を使って予想させる。 ・予想を発表させ，話し合わせるが，予想が「変わらない」に集中するならば，予想の自信度やそう考える理由を問う。 ・実際に試し，結果から「なるほど，そういうことなのか」と思ったことを記録させる。 ・豆電球のかわりにモーターでも，同様なことが起きることを確認させる。 ・実験事象を教師がまとめ，確認する。
	自己評価 5分	④学習の感想を書かせる。 ・「はっきりとわかったことを1行書こう」と言って授業で学んだことを書かせる。 ・「乾電池2つの並列つなぎは長持ちするらしいので，明日の朝までつなぎっぱなしにしておこう」と言って，そのまま教室に置かせる。

4年　●A 物質・エネルギー　●電気の働き

本時の板書

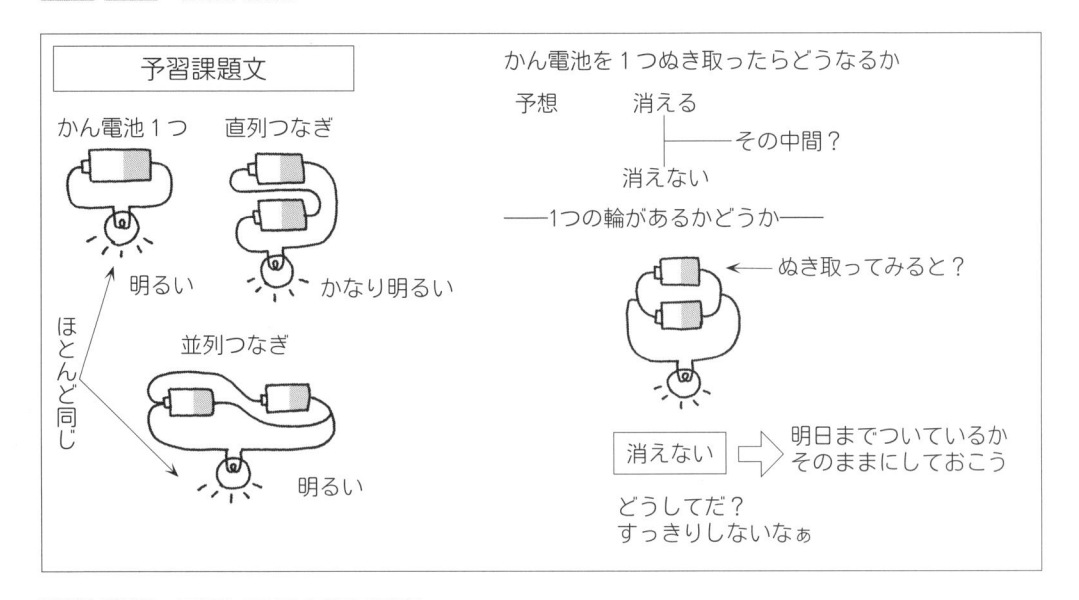

```
予習課題文

かん電池1つ　直列つなぎ
　明るい　　　かなり明るい
ほとんど同じ
　　　並列つなぎ
　　　　明るい

かん電池を1つぬき取ったらどうなるか
　予想　　消える
　　　　　　　　その中間？
　　　　消えない

――1つの輪があるかどうか――

　　←ぬき取ってみると？

消えない ⇒ 明日までついているか
　　　　　　そのままにしておこう
どうしてだ？
すっきりしないなぁ
```

本時のポイント

■ 本時の予習内容と指示

(1) 予習内容　　2つの乾電池の並列つなぎ

(2) 予習の指示の仕方

① いつ　　　　本時の前日に指示する

② どこで　　　宿題として家でやらせる

③ 何を　　　　教科書の文や図を書く

④ どのように
- 教科書（東京書籍4年上）p.16の「かん電池をへい列につないだときは，（豆電球の明るさも）モーターの回るはやさは，かん電池1このときと，ほとんどかわらない。」を書かせる。あわせて，並列つなぎの図も書かせる。
- （　）内の「豆電球の明るさも」は付け加える
- 教科書以外の本を使ってもよいことも伝える。
- 書いた文を5回音読すること。
- わからなくても書いてくること。
- 「わからなくても良いよ。あした勉強するからね。でも『わからないことはこれだよ』と言えるようにしてね」という声

かけを忘れないこと。

■ **本時の指導技術**

⑴ **なんと言っても，並列つなぎを自由につなげるようにさせること**

　本時がうまくいくかどうかは，並列つなぎをスムーズにつなげることができるかどうかにかかっている。これにとまどったり，できなかったりすると，それだけで10分はかかってしまい，45分以内に展開できない。

　並列つなぎは，右の図のように，2つの乾電池を横に並べてつなげさせるのが良い。左の図のようにたてに置かせてつながせる場合が多いが，線がどのようにつながっているかをくわしく見ないで，乾電池の配置だけで並列つなぎだと判断してしまうことがある。

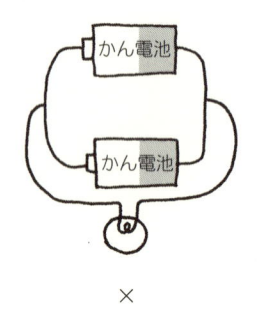

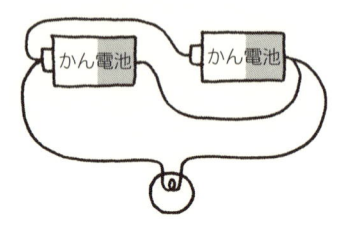

　　　　　　　　　　　　　　　　　　　　　　　かん電池を横にして並列つなぎ
　　　　×　　　　　　　　　　　　　　　○

⑵ **乾電池ボックスにリード線がきちんと接続されているか**

　これは，指導技術以前の問題だが，怠ると授業中に冷や汗をかくこととなる。

　乾電池ボックスにリード線がきちんとついているか確かめること。見た目には断線していないように見えても，ビニルカバーの中で切れていることがある。特に乾電池とリード線がつながっている部分に要注意。半田付けが理想だ。

⑶ **乾電池ボックスはスイッチ付きを**

　回路の途中でスイッチを入れるのも良いが，スイッチ付きの乾電池ボックスならば，スイッチを回路の途中に入れる手間が省ける。これだけでも実験中の操作性は飛躍的に高まり，理解内容とは離れたところでのトラブルに焦らないですむ。

⑷ **教師の演示実験効果をおろそかにしてはいけない**

　教卓の前に子どもを集めて実験を見せる場合がある。これには実験をきちんと見せるという面もあるが，もう1つ大事なことがある。それは，教師の演示実験そのものが操作のモデルとなるということだ。

　例えば，乾電池ボックスを使う場合，乾電池を入れてから回路を構成するのか，回路を構成してから乾電池ボックスに乾電池を入れるのかでも違う。回路を構成してから乾

電池をセットさせたい。その方が、「乾電池から出る電気の力」をイメージさせることができるからだ。

本時の理解確認小テスト問題

○図のように乾電池と豆電球が置かれています。乾電池の並列つなぎを完成させなさい。
〈基本的な知識〉

　　　かん電池　　　かん電池　　　豆電球

○次の表を完成させなさい。〈直列つなぎとの比較〉

	乾電池1つ	乾電池2つの並列つなぎ	乾電池2つの直列つなぎ
豆電球の明るさ	明るい	（1つの場合と同じ明るさ）	とっても明るい
モーターのはやさ	回る	1つの場合と同じ	（はやく回る）
時間	すぐには消えない	（長持ちする）	1つの時と同じ

※（　）の中をブランクにして出題する。

○次の文章を、学んだこと見たことしたことを、文の途中に入れたり付け加えたりして、できる限りくわしくしましょう。〈理解深化課題関連〉※（　）内は補う内容の例。
（2つの）かん電池をへい列につなぐと、モーターの回るはやさ（や豆電球の明るさ）は、かん電池1このときと、（ほとんど）かわらない。また、乾電池1つのときと明るさやはやさは同じなので、その分（長持ちするところ）がちがう。

付録　授業を振り返ったときの子どもの感想

　きょう、かん電池の並列つなぎのじっけんをした。そうしたら、モーターが勢いよくブーンとまわった。直列つなぎのときとはちがった。乾電池1つのときと同じと書いてあったので、そうかと思ったけど、本当にそうだった。あと、乾電池を取るとどうなるかをした。予想は難しかったけど、だいたいあたった。しかし、2つの乾電池の並列つなぎは、同じ明るさなのに、わざわざ長持ちさせるためにするのだけれど、すっきりしないのでした。でも、次の日に、並列つなぎは回っていたし、ついていたのでおどろきました。（Gさん）

4年　●A 物質・エネルギー　●水と温度

なぞの色水を沸騰させて出てくる水の色は？

★水を熱した時の状態変化について，水蒸気（気体）とゆげ（液体）を区別してとらえられるようにする。

■本時の目標と授業の流れ

目標　蒸発と蒸留の知識をもとに，色水を沸騰させて出てくる水の色を予想し，実験によって明らかにすることができる。

教える　「蒸発」と「蒸留」の定義

水が，熱せられて沸騰し，水蒸気に姿を変えることを「蒸発」といいます。
出てきた水蒸気を冷やすと再び水になります。

水が空気の中に入っていくんだよね。

考えさせる　色水を沸騰させた時に出てくる水は何色か

色のついた水を熱し，出てきた水蒸気を集めて冷やすと，何色の水になるでしょうか。

あれ？　透明な水が出てきたぞ。不思議だな。でもこれって，何かに使えそうだぞ！

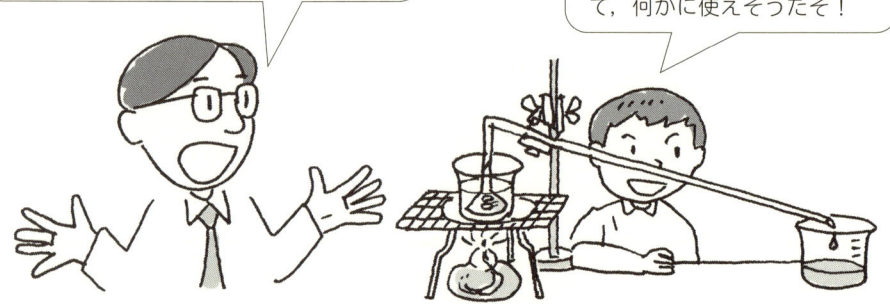

■学習指導要領の内容／水と温度

　金属，水及び空気を温めたり冷やしたりして，それらの変化の様子を調べ，金属，水及び空気の性質についての考えをもつことができるようにする。
　ウ　水は，温度によって水蒸気や氷にかわること。また，水が氷になると体積が増えること。

単元の構成　（12時間）

※丸数字の時数を「教えて考えさせる授業」で展開。教は「教えること」考は「考えさせること」

時数	指導内容
①	○水を熱し続けるとどうなるか，くわしく調べよう 　教 水が熱せられ沸き立つことを沸騰という。（予習あり） 　考 沸騰する際のゆげや泡の正体について考えさせる。
②	○水を熱したときに出てくるゆげが何か調べよう 　教 ゆげは，熱い水蒸気が冷えて，小さい水の粒になったもので液体である。（予習あり） 　考 アルミ箔にあけた穴の下（ビーカーの中の水面から上の部分）にはゆげがない理由について考えさせる。
③	○水を熱したときに水の中から出てくる泡が何か調べよう 　教 水の中から出てくる泡は水蒸気である。（予習あり） 　考 沸騰を続けていくとビーカーの水の量がどうなるか考えさせる。
④	○水は何度になると沸騰し，何度まで上がるのか調べよう 　教 水は100度で沸騰し，それ以上は上がらない。（予習あり） 　考 熱し続けても100度で温度が上がらない理由について考えさせる。
⑤ ⑥	○色水を沸騰させて出てくる水の色は？ 　教 水が沸騰して水蒸気に姿を変えることを蒸発という。（予習あり） 　　液体を熱してできた水蒸気を冷やして再び水にすることを蒸留という。 　考 色をつけた水を熱して出てきた水蒸気を集めて冷やすと，何色の水になるか考えさせる。
⑦〜⑫	○水は沸騰しなくても蒸発するのだろうか ○空気中の水蒸気は水にもどせるか ○水は冷やされるとどうなるか 　※　詳細は省略

本時の展開　2時間扱い（90分）

目標：蒸発と蒸留の知識をもとに，色水を沸騰させて出てくる水の色を予想し，実験によって明らかにすることができる。

教える	説明 15分	〈予習：蒸発について，教科書を使って調べておく。〉 ①蒸発の定義（水が水蒸気に姿を変えること）を押さえる。 ・前時までの実験結果をノートで振り返らせる。 ・教師が演示実験しながら，沸騰した時の水の姿を整理して押さえる。 ・「蒸留」の意味と操作について説明する。
考えさせる	理解確認 5分	②子どもたちに理解度を自己評定させる（1回目） ・現時点での蒸発についての理解度を自己評定させる。 ・「ぜったい」「たぶん」の2段階に分けて挙手，ノートには自分の立場とその理由を記録させる。 ・教師の説明を参考に，ペアで，沸騰した時の水の姿について説明活動を行わせる。
	理解深化 60分	③色のついた水を熱していくと，ガラス管を伝って出てくる水は何色になるか予想させる。 ・子どもたちから出てきた予想は，「凝縮されて色が濃くなって出てくる」「色が薄くなって出てくる」「透明の水分が出てくる」の3通り。 ・友達の考えを聞いて自分の考えを変えてよい2段階予想とする。 ④班ごとに，色水をガスバーナーで加熱して，蒸発してきた水の色を調べる実験を行う。 ・6班それぞれに違った色の色水（入浴剤入り）を配る。 ・五感をはたらかせて，実験に臨むように指示する。 ・実験の記録は，実験器具を絵で表し，その周りに吹き出し等で，気づいたり疑問に思ったりしたことなどを記録するように指示する。 ・各班で色（白色，桃色，青色，黄緑色，緑色，橙色）がそれぞれ違うので，可能な限り，他の班の実験も見てよいこととするが，火気を使っての実験なので，むやみに出歩かないように指示する。 ⑤水が透明になった理由を考えさせる。 ・色水の正体をここで明かし，似たような現象が生活経験の中でないか，意見を出させる。出ないときは，教師から例を出す。 ⑥実験結果を，蒸発や蒸留の内容と関連付けながらまとめさせる。 ・今まで学習してきた内容と関連付けて考えさせることで，頭の中で整理できるようにまとめさせる。
	自己評価 10分	⑦蒸発について，実験後の理解の深まりをチェックする。（2回目） ⑧今日の学習の感想（理科日記）を書かせる。 ・実験結果を踏まえて，自分はどう感じたのかを中心に書かせる。

4年 ●A 物質・エネルギー　●水と温度

本時の板書

水のすがたとゆくえ（発展）
① じょう発　水を熱し続けると，水は水蒸気に姿をかえる。これを「蒸発」という。
　　　　　　出てきた水蒸気を冷やすと，再び水になる。
② 課　題　　色のついた水をふっとうさせると，どんな色の水が出てくるか調べよう。

　　　　　　　　　　　　　　　　　　1回目　　2回目
③ 予　想　・さらにこい色の色水が出てくる。　4人　→　1人
　　　　　・うすくなった色水が出てくる。　　13人　→　11人
　　　　　・透明な水が出てくる。　　　　　　10人　→　15人
④ 結　果　　透明な水が出てきた。
　　　　　☆出てくる水はどうして透明なのか考えよう。
　　　　　☆水に何か混じっているものから水を取り出すことを「蒸留」という。

本時のポイント

■ 本時の予習内容と指示

　本時は，「水を熱し続けるとどうなるか」の発展的な取り扱いとして，今までの実験や観察をもとに実験結果を予想し，その結果のしくみについて自分たちなりに考えさせる学習である。毎回，教科書を中心とした音読，指定した場所のノート書き出し，国語辞典での調べ学習などを予習させてきており，本時は，学習内容の定着を図る上で教科書を使って「蒸発とは？」の予習をさせた。
　また，生活経験での観察力が今回の実験結果に大きく関わってくることを話しておいた。つまり，蓋付き味噌汁椀の蓋を開けると，蓋の裏側に水がついているが，味噌汁がついているわけではないことや，風呂の蓋も同様に入浴剤の色の水がついているわけではないことなどを，生活経験でどの程度まで見取っているかがカギとなる。

■ 本時の実験について

(1) 実験セット

　沸騰し蒸発した水蒸気が水にかわる様子をじっくり観察したいと考え，1mのガラス管を使用した。前時にも，水を沸騰させる実験を同じ装置で行わせたところ，子どもたちからとてもおもしろい声が上がった。

水蒸気から水にかわり，水滴になって，ガラス管の外へ押し出される様子を見て，「がんばれ！」「もうちょっとだ！」「行け！」。まるで，水滴が生きているかのようにエールをおくるのだ。

(2) **2段階予想で，友達の考えを聞いてから，自分はどう思うかを決定**

はじめの予想は，予習学習及び生活経験をもとにノートに書かせる。それをもとに発表させ，友達の考えと自分の考えを比較しながら，最終的に自分の予想を立てさせる。こうすることにより，単なる直感や無責任な予想はなくなる。また，友達の考えの良さに気づいたり，自分の考えに自信をもったりすることができる。

(3) **実験の気づきや疑問は吹き出しで**

実験の中で気づいたことや疑問に思ったことなどは，実験装置を描いたイラストの周囲に吹き出しで書かせている。単なる箇条書きで書かせるよりも，どの実験装置の場所で何がわかったのか，気づいたこと，疑問に思ったことを図示しながら，自由に表現できる良さがある。

(4) **なぞの色水（水300mlに入浴剤10g）にしたわけは**

予備実験の段階で，泥水や味噌汁，絵の具を混ぜたものなど検討を重ねた。水に何かを混ぜたものを加熱すると，匂いが発生する。泥水を加熱したときには，理科室全体が不快な臭気に包まれた。

いろいろ試したところ，入浴剤はじつにいい匂いがした。香料の中にリラックスさせる効果があるものが含まれているのかもしれないが，実際に「なぞの色水」と提示しても，加熱してくると，「お風呂の水では？」という声があちこちから聞こえてきた。これは浴室での生活経験を想起させる上でも必要なヒントとなる匂いであったと思った。

本時のミニ知識

○**蒸留とは？** 液体の成分の揮発性や沸点の差を利用して分離する操作。いったん蒸気とし，再び液化することで精製分離する。化学工業上，極めて重要な操作で，広く利用されている。

○**蒸留水とは？** 蒸留によって精製した水のこと。不純物が取り除かれており，化学実験，薬剤の調合，コンタクトレンズの管理などで使用される。

4年 ●A 物質・エネルギー ●水と温度

本時の理解確認小テスト問題

① 水が熱せられて水蒸気に姿をかえ，水の外に出て行くことを何といいますか。
② 何かが混じった水から水だけを取り出したいとき，どうすればよいですか。
③ 液体を熱してできた水蒸気を冷やして，再び水にすることを何といいますか。

〈解答〉①蒸発
　　　　②加熱して蒸発した水蒸気を冷やす
　　　　③蒸留（じょうりゅう）※蒸留については参考までに押さえるよう話す。

付録　ガスバーナーが使いこなせれば，加熱実験は思いのまま

(1) **ガスバーナーは，小学校理科実験の加熱器具の最高峰**

　マッチをつけた経験のない子どもたちにとって，いずれ戦う強敵であるガスバーナーをつけて見せる。
T：「最終的にみなさんは，今，先生がつけたようにできるようになります」
C：「エー（女子のほとんど）」「よーし（男子の大半）」

(2) **班でアドバイスをもらいながら，一人で順序通りできるまで練習を重ねる**

　マッチテスト，アルコールランプテストをクリアしてきた子どもたちは次第に自信をつけ，難関のガスバーナーを教え合いながら手順を身に付けていく。教科書や掲示物も参考に，手順を声に出して暗唱できるまで鍛え上げていく過程。

(3) **実技テストは教師の前で**

　テストをする子どもは，教師の前に来る。次に行う子どもは，黙ってテストを受けている子どもの手順をじっと見る。誰も助言しない場で，操作を誤ればそこでストップ。何回か挑戦してやっと合格する子どももいるが，厳しく行うことで，全員が実験の中でしっかり使えるようになる。

4年　●A 物質・エネルギー　●水と温度

水の温まり方

★水の動きを可視化することで，対流現象の納得感を高める。

■本時の目標と授業の流れ

目　標
・水を熱すると，水は温められた部分から，上の方へ上がっていき，上にある水と入れ替わるように動いて温まることを理解させる。
・このような温まり方を「対流」と呼んでいることを知らせる。

教　え　る　対流のしくみ

> 水を熱すると，水は温められたところから，上の方へ上がっていき，上にある水と入れ替わるように動いて温まります。このような温まり方を「対流」と言います。

考えさせる　試験管の真ん中を温めたとき，水の動き方はどうなるか

> 温めるところを試験管の真ん中にしたら，水の動き方（温まり方）はどうなるだろうか。

> 金属とは全然違うね。

> 温めるところまで戻るけど，温めるところに来るとまたぐるぐるまわり，上のほうに行くよ。

> 入れかわるように動くのは同じだね。

> 一番下をさわっても熱くない！

> 下のほうは温められないから「対流」のように動かない。

> やっぱり，ね。下にほとんど行かない。

■ **学習指導要領の内容／水と温度**

　金属，水及び空気を温めたり冷やしたりして，それらの変化の様子を調べ，金属，水及び空気の性質についての考えをもつことができるようにする。

　ア　金属，水，空気は，温めたり冷やしたりすると，その体積が変わること。
　イ　金属は熱せられた部分から順に温まるが，水や空気は熱せられた部分が移動して全体が温まること。
　ウ　水は，温度によって水蒸気や氷にかわること。また，水が氷になると体積が増えること。

単元の構成 （6時間）

※丸数字の時数を「教えて考えさせる授業」で展開。 教 は「教えること」 考 は「考えさせること」

時数	指　導　内　容
1	○金属の温まり方 ・フライパンのような金属はどのような温まり方をするか，経験を出し合う。 ・実際にフライパンで実験してみる。
2	○金属を熱するとどのような温まり方をするのだろうか ・金属板の一部を熱したときの温まり方を予想させる。 ・金属板にろうを塗って調べ，切り込みを入れた金属板でもやってみる。 ・「金ぞくは熱したところから，順に広がるようにあたたまっていくこと」（伝導）を確認する。
③	○水の温まり方 （予習：教科書の「水を熱すると，水はあたためられたところから，上の方へ上がっていき，上にある水といれかわるようにうごいてあたたまります」を全文視写させる。） 教 試験管に入っている水を，試験管の一番下から温めた時，水の温まり方は，温められると上に上り，その結果上の水が下に動いて温まること。このような温まり方を「対流」と言うこと。 考 試験管の真ん中を温めた時，水の動き方はどうなるか。
4	○水の温まり方を詳しく観察しよう ・水の動きがはっきりとわかるお茶葉を入れて，もう一度対流を詳しく見てみる。

	・ビーカーでもやってみる。 ・動いている様子から，対流についてまとめさせる。 ・金属の温まり方と違うところは何かについて話し合わせる。
⑤	○空気の温まり方 （予習：教科書の「空気を熱すると，水と同じように，あたためられたところから上の方へ上がっていきます。」を全文視写させる。） 教 空気も水と同じように対流で温まること。（ビーカーにお線香の煙を入れて，ビーカーの端を温めて煙の動きを調べさせ，水と同じような動きをすることを観察させる。） 考 温かい空気の上に冷たい空気を入れると，どんな動きになるだろうか。 冷たい空気の上に温かい空気を入れると，どんな動きになるだろうか。
6	○金属や水，空気の温まり方で学んだことをもとに身の回りの現象を見直してみよう ・エアコンから出る空気の動きを調べてみる。

本時の板書

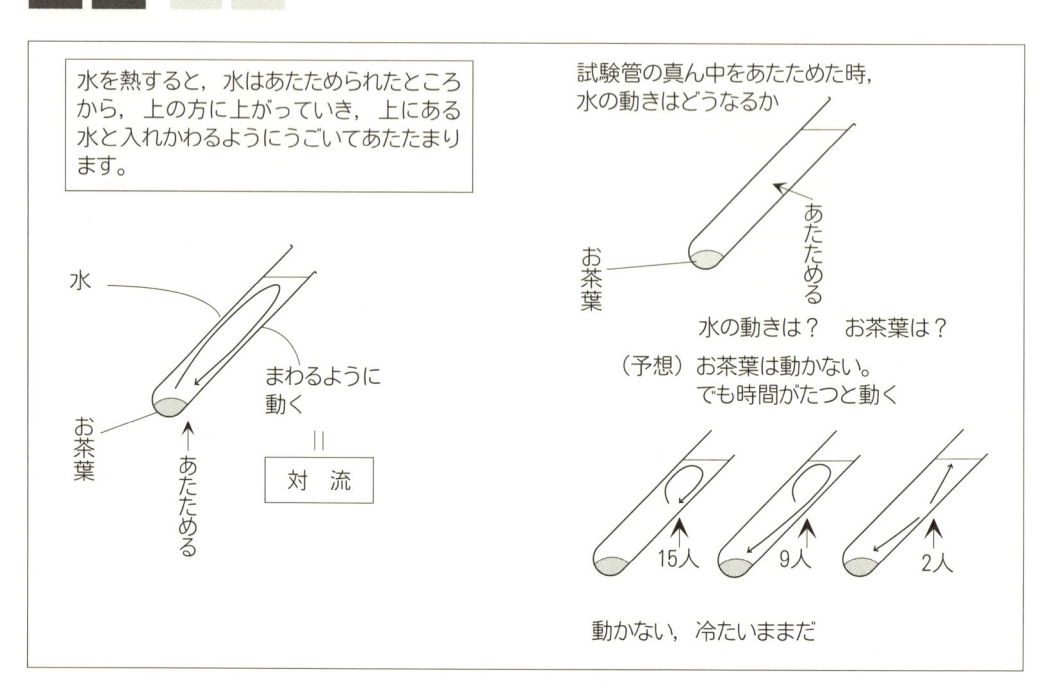

水を熱すると，水はあたためられたところから，上の方に上がっていき，上にある水と入れかわるようにうごいてあたたまります。

試験管の真ん中をあたためた時，水の動きはどうなるか

水の動きは？　お茶葉は？

（予想）お茶葉は動かない。
でも時間がたつと動く

15人　9人　2人

動かない，冷たいままだ

対流

4年　●A 物質・エネルギー　●水と温度

本時の展開

目標：
- 水を熱すると，水は温められた部分から，上の方へ上がっていき，上にある水と入れ替わるように動いて温まることを理解させる。
- このような温まり方を「対流」と呼んでいることを知らせる。

準備：試験管は直径30mmが望ましい。お茶葉は使用済みの物をみじん切りにしておく。

教える	説明 10分	①予習で全文視写した水の温まり方を共書きで確認した後，教師が図解や演示実験しながら説明する。 ・予習内容を共書きして，本時の学習内容を再確認する。 ・水の入った試験管の図を書きながら，試験管の底から熱した時の水の動き（お茶葉の動き）を子どもに矢印で書き加えさせる。 ・演示実験により，水の温まり方が説明した通りであることを確認させる。 ・このような温まり方を「対流」と言うことを知らせる。
考えさせる	理解確認 15分	②班ごとに実験し，水の温まり方を確認する。 ・水の入っている試験管にお茶葉を入れる。 ・試験管の底を熱する。 ・お茶葉の動きが下から上に，上から下にぐるぐると回っている様子を確認させる。 ・お茶葉の動きのおもしろさにだけ目が向くことのないように「何を確かめているのかな」と言う。 ・「予習内容と比べながら見てね」と言って予習内容と観察内容とを比較させ，予習では気がつかなかったことを発表させる。 ・かべにそって上がる・上にたまる・下に行く・途中から上に行くものもある
	理解深化 15分	③理解確認の実験と同じ大きさの試験管を使って，試験管の中間を温めると，水の温まり方はどうなるか予想し実験で確かめさせる。（各班ごとの実験） ・「この試験管の中間のところを温めると下にあるお茶葉はどんな動きをするだろう」と問い，対流の知識を使って予想させる。 ・予想を発表させるが，予想が「動かない」に集中するならば，予想の自信度と根拠を問う。 ・実験を始めたら，「どこが熱くなるか」と問い，温まり始めの時間を見計らって触らせる。 ・実験をしながら，予想と異なる部分はどこかを話し合い，実験が終わったら記録させる。 ・また，予想通りだったかどうかを検討して，予習内容を確かなものとさせる。 ・へぇ〜上だけ対流になっているぞ
	自己評価 5分	④水の温まり方を金属の温まり方と比較させて，理解が深まったかどうかを問い直させる。 ・金属の温まり方と決定的に違うことは何かを意識させて感想を書かせる。 ・時間があれば感想を発表させる。

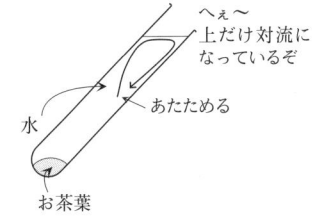

本時のポイント

■ 本時の予習内容と指示

　宿題として，教科書（教育出版4年下）p.52の「水を熱すると，水はあたためられたところから，上の方へ上がっていき，上にある水と入れかわるように動いてあたたまります」をノートに全文視写させる。さらに，「このようなあたたまり方を対流（たいりゅう）と言う」という文も付け加えて書かせる。教科書以外の本を使って調べさせてもよい。

■ 本時の指導技術

(1) 共書き

　共書きは，理科に限らず全教科で使える指導技術である。本時に関しては以下のように進める。場面は予習内容を共書きする授業冒頭の部分である。

	教師の動き		子どもの動き	
	声に出す	板書する	教師の声を聞く	ノートに写す
時間↓	水を →	→ 水を	（水を） →	→ 水を
	熱すると， →	→ 熱すると，	（熱すると，）→	→ 熱すると，

　上のように，語句のまとまりで切りながら，教師の板書と子どものノート書きを同時に進める方法を「共書き」と言う。教師が板書している時間，子どもも一緒に書いているので教室中がシーンとなり，鉛筆の音だけが聞こえる時間は子どもの集中力を高める。

(2) 授業前半の実験は2段階

　2段階とは，最初に教師による演示実験，その後，席に戻り班ごとの実験という2回の実験を指す。同じ実験を2回も見せなくてもいいのでないかと疑問をもたれるかもしれないが，1度目は概観的に，2度目は焦点的に見ていくという効果がある。しかも，1度目の実験は教師によるデモンストレーションであり，器具の操作等も無意識のうちに学ぶので失敗が少なくなる効果がある。

(3) お茶葉の動きにだまされないこと

「あっ，動いている！ 動いている！」と子どもは言う。お茶葉の動きに目が向くのは当然なことだ。しかし，ここで大事なことは「お茶葉の動きは，温められた水の動き」だということだ。机間巡視で各班にこの確認の声かけを忘れないことが大事である。

(4) 言語的な把握を確かにさせる指導のコツ

「『水を熱すると，水はあたためられたところから，上の方へ上がっていき，上にある水と入れかわるように動いてあたたまります。』を難しく言うとね，『水は熱せられた部分が移動して全体が温まる』と言うんだよ。そして，このことを漢字2文字で『対流』と呼んでいるから，これからはこのような温まり方を『対流』と言おうね」と話して聞かせると，具体を概念用語に置き換えることがスムーズになる。

金属の温まり方の場面でも同様に「伝導」を教示するとよいだろう。

本時の理解確認小テスト問題

■基本的な知識を問う問題

○ 対流とはどういうことか説明しなさい。

> 解答例：水を熱すると，水はあたためられたところから，上の方に上がっていき，上にある水と入れかわるように動いてあたたまる。このようなあたたまり方を対流という。

○ 水のあたたまり方と金属のあたたまり方のちがいを説明しなさい。

> 解答例：金属は，あたためられたところから順にあたたまるが，水はあたためられたところから，上の方に上がっていき，上にある水と入れかわるように動いてあたたまる。

■理解深化課題に関連する問題

○ 試験管の中間あたりのところを熱したとき，試験管の中の水のあたたまり方はどのようになりますか。説明しなさい。

> 解答例：あたためられたところの水が上に上がっていくが，底の水は動かない。上にいった中間の水と入れかわるように，上の水は下の方に動く。しかし，その水は試験管の底までいかないうちにあたためられて，また上にいく。

4年　●B 生命・地球　●月と星

夏の星──星座を見つけられるかな？

★星々を，星座の知識をもとに，星のまとまりとして見る。

■本時の目標と授業の流れ

目　標
- 星座は，星のいくつかのまとまりに名前をつけたものであることを知る。
- 夏の夜空に見える星座には，夏の大三角，白鳥座，さそり座があることを知る。
- 白く輝くベガ，アルタイル，デネブを結んでできる三角形の星のまとまりを夏の大三角と呼び，南に見える赤い色をした星をアンタレスと呼んでいることを知る。

教える　夏の夜空に見える星座（夏の大三角，白鳥座，さそり座）

> 夏の夜空に見える星座に，夏の大三角，白鳥座，さそり座があります。
> 白く輝くベガ，アルタイル，デネブを結んでできる三角形の星のまとまりを夏の大三角といいます。
> 南に見える赤い色をした星をアンタレスといいます。

ベガ
デネブ　　アルタイル

考えさせる　線で結んでいない映像から，夏の大三角や白鳥座を見つける

> 線で結ばれていなくても，夏の大三角や白鳥座がわかるかな。

> さそり座は，あれだ。赤い星があって，そこからぐっと曲がってここまでだ。線がなくてもわかるぞ！

> あれっ，どれが夏の大三角だっけ？わからないよ。

■学習指導要領の内容／月と星……………………………………………………

　月や星を観察し，月の位置と星の明るさや色及び位置を調べ，月や星の特徴や動きについての考えを持つことができるようにする。
　ア　月は日によって形が変わって見え，1日のうちでも時刻によって位置が変わること。
　イ　空には，明るさや色の違う星があること。
　ウ　星の集まりは，1日のうちでも時刻によって，並び方は変わらないが，位置が変わること。

※「夏の星」は，このうち，イ及びウが該当する。

単元の構成　（2時間）

※丸数字の時数を「教えて考えさせる授業」で展開。教は「教えること」考は「考えさせること」

時数	指　導　内　容
①	○夏の星座を知ろう 　教 星座は，星のいくつかのまとまりに名前をつけたものであること。 　　夏の夜空に見える星座には，夏の大三角，白鳥座，さそり座があること。ベガ，アルタイル，デネブを結んでできる三角形の星のまとまりを夏の大三角と呼んでいること。 　　南に見える赤い色をした星をアンタレスと呼んでいること。 　考 線を結んでいない星の写真（映像・図）から，夏の大三角や白鳥座を指し示すことができるか。
2	○夏の星座を探そう　　　　　　　　　　　　　　宿題：夏の星座を見て来よう 　星座早見盤を作らせる。 　星座早見盤の使い方を知り，試しに使ってみる。 　　　星座早見盤の使い方（さそり座を探す場合） 　　　①日にちを合わせる　②時刻を合わせる　③南の方を向く 　　　④「南」が手前に来るように持つ

本時の展開

目標：
- 星座は，星のいくつかのまとまりに名前をつけたものであることを知る。
- 夏の夜空に見える星座には，夏の大三角，白鳥座，さそり座があることを知る。
- 白く輝くベガ，アルタイル，デネブを結んでできる三角形の星のまとまりを「夏の大三角」と呼び，南に見える赤い色をした星をアンタレスと呼んでいることを知る。

教える	説明 15分	①予習内容を板書した後，教師が教科書の図を示しながら説明する。 　1　星のいくつかのまとまりを星ざという。 　2　白くかがやくベガ，アルタイル，デネブを結んでできる三角形を「夏の大三角」という。 　3　南にはさそり座のアンタレスが見える。 ・上のように共書きし，本時の学習内容が教科書に載っていることを確認する。 ・教科書の写真と図を使い， 　①図をもとに，夏の大三角を教示する。 　②写真からデネブ，アルタイル，ベガを探させる。 　③さそり座とアンタレスについても同様に進める。 　④1等星についても教示する。
考えさせる	理解確認 5分	②教科書の写真と図を使い，ペアで星座や星の探し合いをさせる。 ・出題者と回答者を交替しながら探し合いをさせる。 ・理解が不十分な子へは，わかる子や教師が支援する。
	理解深化 20分	③線を結んでいない星の写真（映像・図）から，夏の大三角や白鳥座等を探させる。 ・教室の天井に夏の星図を投影して，①ベガ，②アルタイル，③デネブ，④夏の大三角，⑤アンタレス，⑥さそり座の順に探させる。 ・その後，「白鳥座はどれでしょう」と問う。 ・その際，探すことができるかについての自信度を問い，それをもとに指名し，天井に投影されている星図から白鳥座を指し示させる。
	自己評価 5分	④線なしでも探せるようになったかどうかについての自信度を書かせるとともに，「今日の夜晴れていたら，どんな星座・星を探してみたいですか」と問い，星座・星の名前を書かせる。 ・何人かの子どもの記述から，具体的な星座や星の名を教師が紹介する。 ・わかったことや疑問に思ったことなど，学習の感想を聞く。

4年　●B 生命・地球　●月と星

本時の板書

夏の星ざと星
○星のいくつかのまとまりを星ざという。
○白くかがやくベガ，アルタイル，デネブを結んでできる三角形を，夏の大三角という。
○南には，さそりざのアンタレスが見える。

「星ざ」から「星」へ
線がなくてもさがせますか
白鳥座はどれでしょう

ぜったい	8人
きっと	7人
たぶん	6人
ひょっとしたら	1人
ぜんぜん	0人

星や星座を映すスクリーン

本時のポイント

■ 予習内容と指示

(1) 予習内容
　・星座は，星のいくつかのまとまりに名前をつけたものであること。
　・夏の夜空に見える星座には夏の大三角，白鳥座，さそり座があること。
　・白く輝くベガ，アルタイル，デネブを結んでできる三角形の星のまとまりを「夏の大三角」と呼び，南に見える赤い色をした星をアンタレスと呼んでいること。

(2) 予習の指示の仕方
　① いつ　　　　　　　本時の前日に指示する。
　② どこで　　　　　　宿題として家でやらせる。
　③ 何を，どのように　教科書の該当箇所を全文視写する。
　　　　　　　　　　　　全文視写した文を5回音読する。
　　　　　　　　　　　　全文視写した文のわかり具合を5段階で表す。

(3) 留意点
　・教科書以外の本を使ってもよい。
　・わからなくても書いてくること。
　・「わからなくてもいいよ。あした勉強するからね」という声かけを忘れないこと。

■ 準備や基礎知識

(1) 線の引いていない星座図の用意

　本時の授業がうまくいくかどうかは，線の入っていない星座図を用意できるかどうかで決まるといっても過言ではない。教科書に掲載されている写真にも線入りと線なしがあって参考になるが，本時では『星座を見つけよう』（H・A・レイ文・絵，草下英明訳，福音館書店）という絵本を使った。

　この本のよいところは，左ページに「じっさいに空をながめたときのようす」，右ページに「同じ星を線でむすんで星座をしめしたもの」という見開き構成になっているところだ。

(2) 本時に登場する星の明るさ

　本時で扱う星座と星に関する基礎的な知識を入れてから授業に臨もう。学級によっては「星博士」と呼ばれている子どももいるからだ。明け方と夕方にきらきら輝くポピュラーな金星，そしてシリウスとともにその等級を右表に示す。

星の名前	明るさ（等級）
ベガ	0.03
デネブ	1.3
アルタイル	0.8
アンタレス	1.09
金星	−4.3
シリウス	−1.44

（金星，シリウス以外は，時に「1等星」と言われたりするが，表でわかるように明るさが微妙に異なっている。）

■ 白鳥座について

　夏の夜空のハイライトは，何と言っても白鳥座ではないか。天の川をはさんで見る白鳥座は本当に美しい。白鳥座について，子ども向けの言葉で以下に記してみたい。思ったより難しいと思われる方が多いのではないだろうか。（以下は『小学百科大事典　きっずジャポニカ』（小学館，2006，p.589より引用）。

　「はくちょうざ【はくちょう座／白鳥座】　夏の夜，ほぼま上の空に見られる大きな星座。ギリシャ神話で，大神ゼウスがスパルタの王妃レダに会うために変身した白鳥をかたどる。天の川の中でも大きな十字の形をつくり，南十字星に対して北十字星ともよばれる。α星は，デネブ。星雲や星団，超新星などが多い。X—1というx線星は，最初に発見されたブラックホールとされている。午後8時に南中するのは9月下旬。」

　（注：α星とは，星座の中で最も明るい星を言う）

4年　●B 生命・地球　●月と星

■ 子どもたちの授業の感想

☆　星のべんきょうをしました。たくさんおぼえました。アンタレスがあたったので，うれしくなりました。きょうの理科は楽しかった。ともだちと一緒に星のもんだいを出しあったのですこし自信がつきました。(Bくん)

☆　星がわかってあんしんしました。きょうは，うちにかえって夏の大三角を見つけてみたいです。はやくかえりたいです。(Aさん)

本時の理解確認小テスト問題

（第1時終了時に行う）

○　次の文を完成させなさい。※（　）内をブランクにして出題

　　星のいくつかのまとまりを（星ざ）という。白くかがやく（ベガ），（アルタイル），（デネブ）を結んでできる三角形を（夏の大三角）といいます。また，同じところに白鳥座も見えます。南には（さそり）座のアンタレスが見えます。その星の明るさは1等星です。

○　左の図には線が入っています。右の図は線が入っていません。右の図に線を入れて左の図とそっくりにしてください。

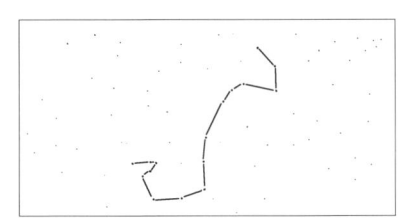

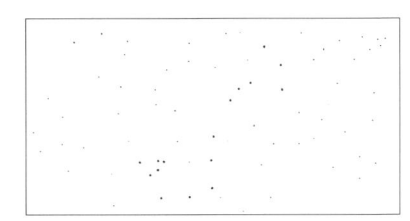

○　下の四角の中に，夏の大三角とさそり座を書き込みなさい。足りない星を●印で加えて，その星の名前を●の近くに書いてください。

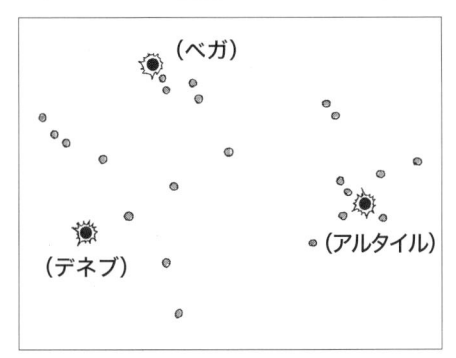

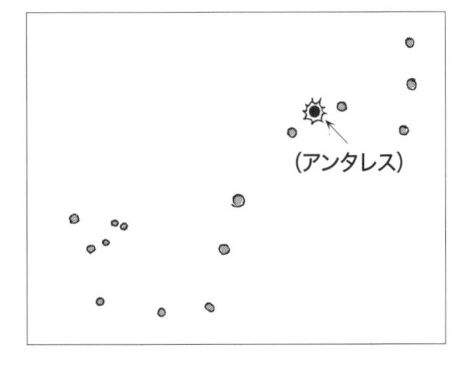

5年　●A 物質・エネルギー　●振り子の運動

振り子の往復する時間

★振り子の長さと周期の関係にまで目を向けさせる。

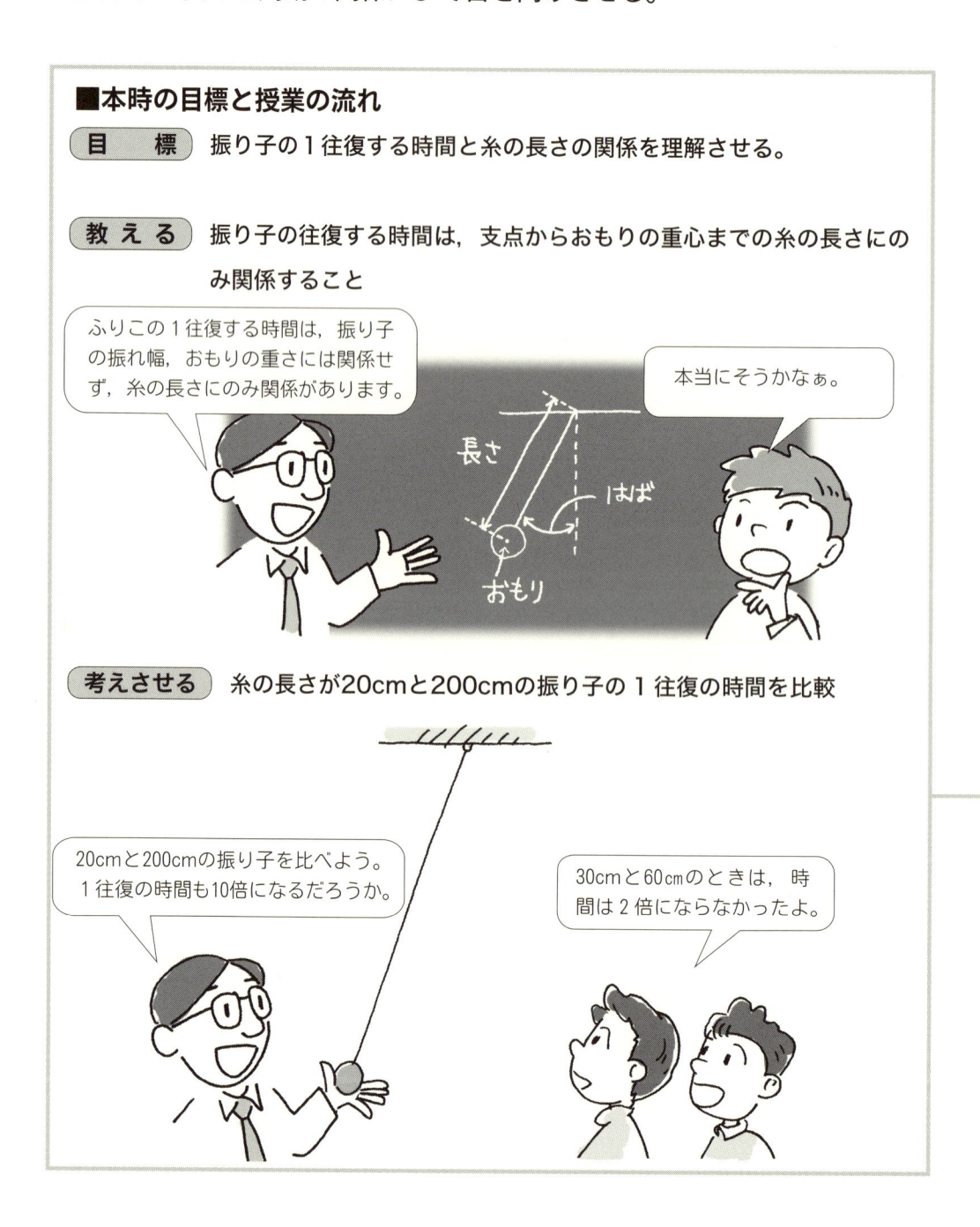

■本時の目標と授業の流れ

| 目　標 | 振り子の1往復する時間と糸の長さの関係を理解させる。 |

| 教える | 振り子の往復する時間は，支点からおもりの重心までの糸の長さにのみ関係すること |

> ふりこの1往復する時間は，振り子の振れ幅，おもりの重さには関係せず，糸の長さにのみ関係があります。

> 本当にそうかなぁ。

| 考えさせる | 糸の長さが20cmと200cmの振り子の1往復の時間を比較 |

> 20cmと200cmの振り子を比べよう。1往復の時間も10倍になるだろうか。

> 30cmと60cmのときは，時間は2倍にならなかったよ。

■学習指導要領の内容／振り子の運動

　おもりを使い，おもりの重さや糸の長さなどを変えて振り子の動く様子を調べ，振り子の運動の規則性についての考えをもつことができるようにする。
　ア　糸につるしたおもりが1往復する時間は，おもりの重さなどによっては変わらないが，糸の長さによって変わること。

単元の構成 （6時間）

※丸数字の時数を「教えて考えさせる授業」で展開。教は「教えること」 考は「考えさせること」

時数	指導内容
1	○振り子とは何か ・言葉の説明（振り子の振れ幅（角度），おもり，糸の長さ） ・振り子を自由に揺らす活動（粘土と糸を用いて）
②	○振り子の3要素 （予習：本時にかかわる教科書の部分を書き写し，読んでくる。） 教 振り子の1往復する時間は，振り子の振れ幅，おもりの重さには関係せず，振り子の長さにのみ関係すること。 考 20cmと200cmの振り子の1往復の時間を比較させる。
③	○「振り子の長さ」とは何か （予習：本時にかかわる教科書の部分を書き写し，読んでくる。） 教 振り子の長さとは，糸の長さでなく，「支点からおもりの重心までの長さ」であること。 考 おもりの形を変え，実験に取り組み，振り子の長さを知る。
4	○1往復1秒の振り子を作ろう ・粘土と糸を用いて，1往復1秒の振り子を作る。
5	○ガリレオについて知ろう ・ガリレオが振り子から何を発見したのかを知る。
6	○振り子の学習のまとめ ・振り子の法則をまとめる。

本時の展開

目標：振り子の1往復する時間と糸の長さの関係を理解させる。

教える	説明 20分	〈予習：教科書の「ふりこが1往復する時間は，おもりの重さやふりこのふれ幅には関係せず，ふりこの長さによって変わります。」の文を，ノートに書き写してくる。また，どのような実験をすればそれがわかるのかをまとめてくる。〉 ①予習内容を教師から説明し，確認する。 ・教科書のどこに文・実験方法がかいてあるのかを確認させる。 ・文の表す意味を図解して説明する。 ②振り子の3要素（長さ・重さ・振れ幅）を，演示実験を通して確認させる。 ・条件を変え，振り子の往復する時間に影響する要因を調べさせる。 【条件の具体】 |	振り子の振れ幅	おもりの重さ	糸の長さ
①	20度・40度	10g	30cm
②	40度	10g・100g	30cm
③	40度	10g	30cm・60cm | 実験はすべて教師が演示で行い，児童は1往復する時間の測定のみを行う。記録は班ごとの平均を求め，その数字をグラフに記入させる。
考えさせる	理解確認 5分	③実験からわかったことを，再度整理する（班の中での説明活動）。 ・条件を制御する意味に触れながら，実験によって明らかになったことを，班の中で説明し合う。 ・理解の不確かな子どもには，班の中で説明できる子に教えさせる。
	理解深化 15分	④糸の長さ20cmと200cmの振り子で，1往復する時間を比べさせる。 ・糸の長さは10倍，1往復の時間も10倍になるかを考えさせる。 ・「振り子の1往復の時間を決めるのは長さだけ」「糸の長さ60cmの振り子の1往復時間は，30cmのときの2倍にはならない」といった知識を使って，考えさせる。 ・ここでも教師が実験を行い，児童が測定を行う。 ・長さを10倍にしても，時間は10倍にはならないことを確認する。
	自己評価 5分	⑤「振り子の1往復の時間は……」に続く文を，糸の長さ，おもりの重さ，振り子の振れ幅のキーワードを使って，自分の言葉でまとめさせる。 ・何人かの児童を指名し，発表させる。 ・まだよくわからないこと，疑問に思ったことなども発表させる。

5年　●A 物質・エネルギー　●振り子の運動

本時の板書

重さを変える　振れ幅を変える　長さを変える

20cmと200cm

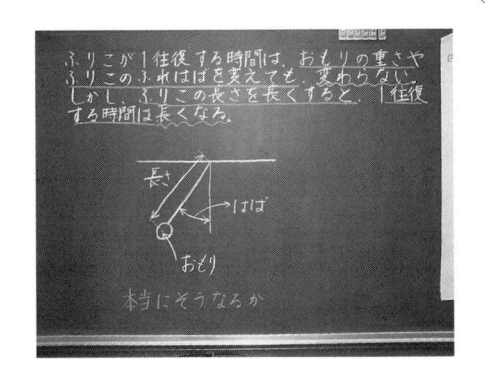

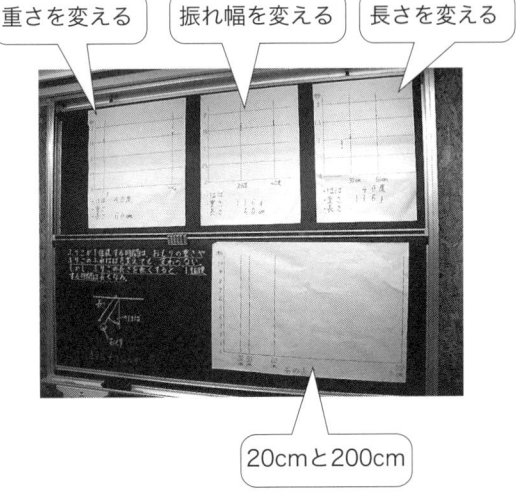

本時のポイント

■ 振り子の学習と「教えて考えさせる授業」

　振り子の学習は，条件を制御して調べる能力を育成するのに適切な学習として設定されている。これまでの学習では，自由に振り子を操作する活動の中で徐々に焦点化し，最後に，1往復の時間には長さのみが関係するという法則を発見させてきた。

　しかし，①子どもたちは，そこに至る知識をもっていないこと，②実験に誤差が出やすいことから，子どもたちは，測定した数値の少しの違いに注意を向けて，はっきりとした法則を見つけられないとしてしまうことがあった。こうした子どもがいるいっぽうで，学習のまとめも，先どり学習をしている一部の子どもの発言等に頼って進めていくことがあり，どう改善すればいいのか悩ましいところがあった。

　このような理由から，本単元の法則の理解場面の学習では，「教えて考えさせる授業」が有効であると考えている。

■ 3要素の条件設定

　振れ幅20度・40度，振り子の長さ30cm・60cmは，子どもが測定を行う時の操作性のよさ，また，2倍という計算上のよさから用いた。おもりの重さ10gと100gも，操作性と10倍の計算上のよさから用いた。

　また，理解深化課題の20cmと200cmの長さは，10倍の計算上のよさから用いた。200cmの振り子は教室の天井からつるして実験をしたが，天井の高さも考慮に入れた。

■ 教師が演示実験，児童は測定

　45分という時間の制約から，本時はすべて教師が演示実験を行い，児童が測定を行った。ストップウオッチは児童数分用意したが，理科室においてあった10個のほかに，100円均一のお店で20個用意した。また，測定では，よく行われるような10往復を10でわるやり方ではなく，1往復を測定した。誤差等の心配もあったが，グラフにすると，長さだけに変化があらわれているのが一目瞭然である。

■ 平均のとり方（算数でまだ「平均」を習っていない場合）

　新学習指導要領では，5年の算数で「平均」の学習が入ってくる。平均の学習をしていれば計算は楽になるが，平均をおさえていない場合は，以下のような方法で班としての値を計算をさせるとわかりやすい。

3人の場合

Aさん	1.09
Bさん	1.03
Cさん	1.06

3人の場合は，真ん中の数字を記録とする。5人の場合も同様。この場合はCさんが班の記録となる。

4人の場合

Aさん	1.09
Bさん	1.03
Cさん	1.06
Dさん	1.11

4人の場合は，最大値（1.11）か最小値（1.03）のいずれかを除いたうえで，真ん中の数字を記録とする。この場合は，Aさん（1.09）かCさん（1.06）が班の記録となる。

■ 学習の定着を目指すまとめ

　目で見た内容を言語化させることで，本時の理解内容を確認し，学習の定着を目指す。学習でおさえたいキーワードを設定し，それを並べかえ自分の言葉でまとめさせることで，学習の定着を目指す。本時では，振り子の3要素「振り子の振れ幅，糸の長さ，おもりの重さ」をキーワードとした。教師側の期待する解答は「（振り子の1往復する時間は）振り子の振れ幅，おもりの重さには関係がなく，振り子の長さにのみ関係がある。」であるが，実際にまとめを書かせると，それに加え，「長さが長くなるほど，1往復の時間が長くなる。」「長さが2倍（10倍）になっても，時間は2倍（10倍）にはな

5年　●A 物質・エネルギー　●振り子の運動

らない。」と，実際に体験したことを記入している児童が多くいた。学習した内容が教科書をこえ，学習に深みが出たことを表している。

■ 理解深化課題の別案「1往復1秒の振り子を作ろう」

　振り子の長さを25cmすると約1秒となる。そこで，理解深化課題を「1往復1秒の振り子を作ろう」で実践してみた。

　実験結果は以下の表の通りである。ある班の記録は以下の表のようになった。

長さ	29	28	27	26	25	24	23	22	21	20	19
1回目	1.13	1.12	1.10	1.09	1.06	1.03	1.01	1.00	0.97	0.96	0.95
2回目	1.12	1.11	1.09	1.09	1.05	1.05	1.02	1.00	0.98	0.97	0.94

※長さの単位はcm。1回目，2回目の単位はともに秒。(10回の時間÷10＝1回の時間)

　授業の最後に約25cmで1秒になるという答えを伝えると，多くの児童は「25cmだと長い！」と反応していた。その中で「どこまでの長さをはかったのか？」という疑問をもつ子どももいた。授業終了後の感想は以下の通り。

- 実際に確かめてみたら，教科書に書いてあった通りだった。
- 長さが半分でも，時間が半分にならなかった。驚いた。
- 教科書とちがう実験でも同じ結果がでた。

● 本時の理解確認小テスト問題 ●

○次の文章を完成させなさい。(基本的な知識) ※(　　)内をブランクにする

　ふりこが1往復する時間は，(おもりの重さ)や(ふりこのふれ幅)には関係しませんが，(ふりこの長さ)に関係します。

○次の言葉を使ってふりこのきまりについての文章を作りなさい。同じ言葉を何回使ってもかまいません。(思考力)

【使う言葉】長さ　重さ　ふれ幅　ふりこ　20cm　200cm　1往復する時間

(解答例) ふりこの1往復する時間は，ふりこの重さやふれ幅には関係なく，長さに関係する。例えばふりこの長さが20cmに比べたら200cmの方が1往復する時間は長い。

5年　●A 物質・エネルギー　●電流の働き

電磁石──正しい実験結果を導き出せ！

★導線の長さの条件をそろえるのは，電流の強さをそろえる方法であることを明確にさせる。

■本時の目標と授業の流れ

目　標　電磁石を強くする条件（電流の強さ，コイルの巻き数）を，実験で確かめるとともに，導線の長さが違う電磁石を使っても，コイルの巻き数が多い方の電磁石が強くなることを証明する実験方法を考えることができる。

教える　コイルの巻き数と電磁石の強さの関係

電流の強さが等しい時，コイルの巻き数が多い方が電磁石は強くなります。
電磁石の＋極側も－極側も，電流の強さは同じです。

コイルの巻き数を増やすと，電磁石を強くすることができるんだね。

100回巻き　200回巻き

考えさせる　導線の長さが違う100回巻きと200回巻きの電磁石による実験

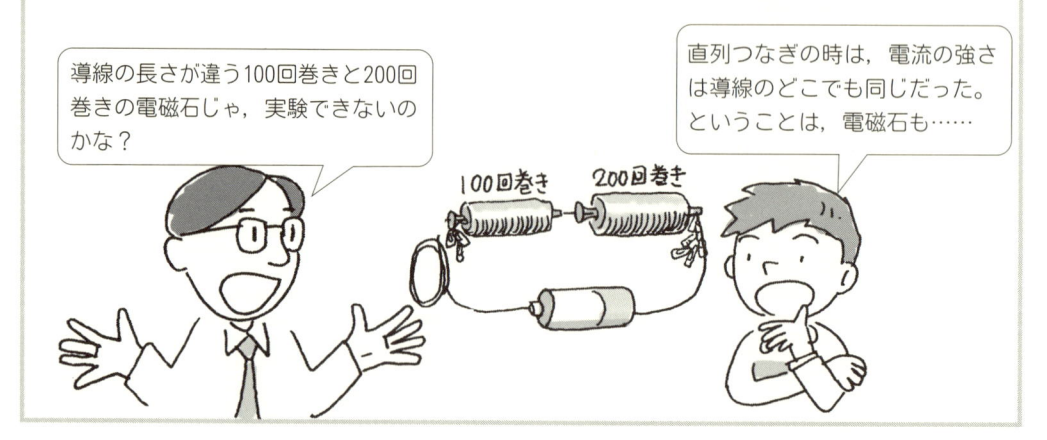

導線の長さが違う100回巻きと200回巻きの電磁石じゃ，実験できないのかな？

直列つなぎの時は，電流の強さは導線のどこでも同じだった。ということは，電磁石も……

100回巻き　200回巻き

■学習指導要領の内容／電流の働き

電磁石の導線に電流を流し，電磁石の強さの変化を調べ，電流の働きについての考えをもつことができるようにする。

ア　電流の流れているコイルは，鉄心を磁化する働きがあり，電流の向きが変わると，電磁石の極が変わること。

イ　電磁石の強さは，電流の強さや導線の巻数によって変わること。

単元の構成　（8時間）

※丸数字の時数を「教えて考えさせる授業」で展開。**教**は「教えること」**考**は「考えさせること」

時数	指 導 内 容
1 2	○電磁石を作ろう ・予習：電磁石について知っていることを紹介し合い，教科書で調べながらマップにまとめさせる。 ・教科書で調べたことを確かめるために，100回巻きと200回巻きの電磁石をつくらせる。（ペア学習）
3 4	○電磁石の性質やはたらきを調べよう ・電磁石に電流を流すと鉄を引き付けることができることを，実験して確かめさせる。 ・電流の向きを変えると電磁石の極が変わることを，実験して確かめさせる。
⑤ ⑥	○電磁石を強くしよう **教** 電流を強くしたり，コイルの巻き数を多くしたりすると，電磁石が強くなること。 　電流の強さ，コイルの巻き数の条件を制御し，電磁石が強くなる条件を実験して確かめさせる。 **考** 導線の全長が違う100回巻きと200回巻きでは，学習してきたこととは違う実験結果が出てしまう事実を示し，どうすれば正しい実験結果が得られるか考えさせる。
7 8	○モーターを作ろう ・クリップモーターを作り，コイルが回る原理をレポートにまとめさせる。

本時の展開　2時間扱い（90分）

目標：
- 電磁石を強くする条件（電流の強さ，コイルの巻き数）を理解させる。
- 導線の長さが違う電磁石を使っても，コイルの巻き数が多い方の電磁石が強くなることを証明する実験方法を考えることができる。

準備：導線の長さが違う100回巻きと200回巻きのコイル，乾電池，乾電池ボックス，ゼムクリップ

教える	説明 20分	①「電磁石を強くする条件」について，実験を交えて説明する。 ・「(A)電流を強くする」「(B)コイルの巻き数を増やす」と，電磁石は強くなることを，言葉で説明する。 ・「(A)電流を強くして電磁石が強くなったとき，どんな実験結果が得られるか」「(B)コイルの巻き数を増やして電磁石が強くなったとき，どんな実験結果が得られるか」予想させる。 ・「(A)電流の強さ」「(B)コイルの巻き数」それぞれの影響を調べる実験方法を考えさせ，演示実験により，それぞれの方法で電磁石が強くなる現象を確かめる。
考えさせる	理解確認 25分	②班ごとに「電磁石を強くする方法」を，実験して確かめさせる。 ・「電流の強さ」の条件，「コイルの巻き数」の条件と，条件制御して実験させる。 （A）電流の強さの影響を調べる場合　　（B）コイルの巻き数の影響を調べる場合 | 乾電池 | 1個 | 2個 |　　| 乾電池 | 1個 | 1個 | | コイル | 100回巻 | 100回巻 |　　| コイル | 100回巻 | 200回巻 | | クリップ数 | 個 | 個 |　　| クリップ数 | 個 | 個 | ・「電流の強さ」「コイルの巻き数」と電磁石の強さの関係を，ミニレポート風にノートにまとめさせる。（家族に説明させる。）
	理解深化 40分	③導線の長さが違う100回巻きと200回巻きの電磁石でも，正しい結果が得られる実験方法を考えさせる。 ・導線の長さが違う100回巻きと200回巻きの電磁石（200回巻きの方が導線の全長が長い）を与え，前時と同じ方法（(B)の方法）で電磁石の強さを比べさせる。 ・100回巻きの電磁石が強くなってしまう理由を考えさせ，導線の長さの条件が違っていることに気づかせる。 ・流れる電流を等しくすれば，電磁石の導線の長さが違っていても正しい結果が得られることを知らせ，その方法を考えさせる。 ・電源装置と電流計を使い，電流を一定にして実験させる。 ・100回巻きと200回巻きの電磁石を直列につなぎ，実験させる。 ・導線の長さをそろえるのは，電流の強さをそろえることであることを確かめさせる。
	自己評価 5分	④理解度を自己評価させる。 ・自分の理解度を「すっきり・もやっと・まっくら」の3段階で評価し，その理由をノートに記入させる。

5年　●A 物質・エネルギー　●電流の働き

本時の板書

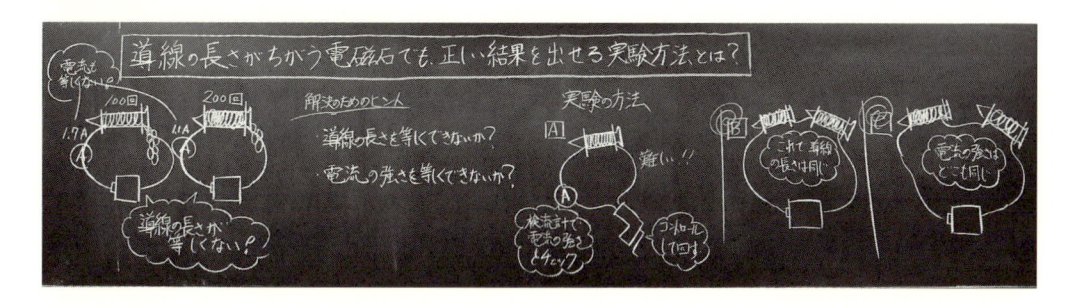

本時のポイント

■ 導線の長さが違う100回巻きと200回巻きの電磁石で実験させる

　導線の長さを無視して電磁石を作ると，子どもたちの想定外の実験結果が出てくる。200回巻きより100回巻きの電磁石に引きつけられるクリップの数の方が多くなる。つまり，巻き数の数が少ない電磁石の方が強くなるのである。「おかしい！」と，子どもたちは何度か繰り返して実験するのだが，結果は同じである。

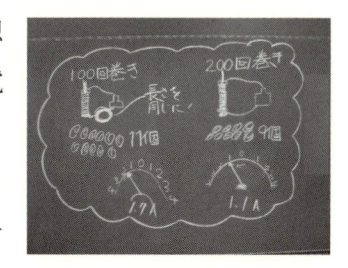

　そこで，電流の強さを検流計で調べてみると，100回巻きの電磁石の方に強い電流が流れていることがわかる。乾電池を1個つないでいることは同じであるのに，電流の強さが違っていることに納得できない子どもたちは，教科書で実験の方法をもう一度確かめ始めた。そして，「導線の長さ」の条件をそろえていないことに気づく。「導線の長さ」をそろえるということは，「電流の強さ」の条件をそろえるためであることを，子どもたちはここで学ぶ。

■ 正しい結果を導き出す実験方法を考えさせる

　導線の長さが統一されていない100回巻きのと200回巻きの電磁石では，比較対照実験ができないことを理解した子どもたちに，次のように話す。

　「去年の6年生のある子は，導線の長さが違っている電磁石でも実験できる，と言うのです。ポイントは，電流の強さを同じにすることです。さて，どうすれば実験できるのでしょうか。」

　去年の6年生がどのような方法を考えたのか，グループで話し合いながら予想してもらう。すると，電流の強さを同じにするための次の方法が子どもたちから出てくる。

> 乾電池の代わりに電源装置に電磁石をつなぎ，電流計で電流の量が同じになるように確かめながら電気を流せば，正しい結果が得られるはず。

　確かめてみると，なるほど100回巻きより200回巻きの電磁石の方に，多くのクリップが引き付けられた。

　電源装置がない場合は，手回し発電機でも代用できる。電流計が示す電流の量を一定に回すことは，子どもたちにとってやや難しいが，200回巻きの電磁石の方に多くのクリップがつく事実だけは確認することが可能である。

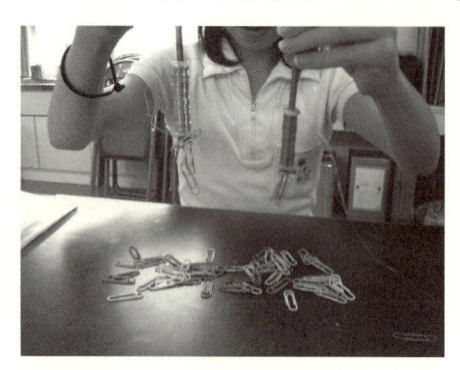

本時のミニ知識　　電流の素朴概念

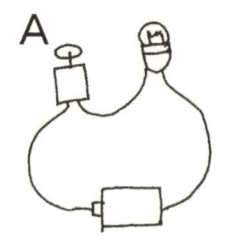

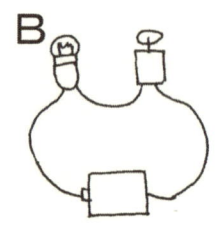

　AとBを比較したとき，子どもたちの多くは「Aのモーターは速く回るが，Bのモーターは遅い」「Bの豆電球は明るいが，Aの豆電球は暗い」と言う。

　電流がプラス極からマイナス極へと流れていることを学習した子どもたちの多くは，電気の入り口であるプラス極側の導線の電流が強く，マイナス側の導線の電流が弱いと考える。これは，豆電球やモーターで電気が使われたという素朴概念である。子どもらしい自然な考えである。

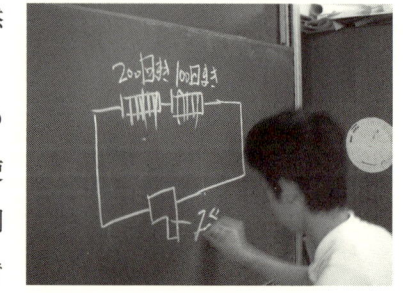

　しかし，実際に電流計で計測してみると，電流の大きさは，導線のどこも同じである。この原理を使えば，電源装置や手回し発電機で電流の大きさを調整しなくても，正しい実験結果を導き出すことがで

きる。つまり，200回巻きと100回巻きの電磁石を直列につないでしまえばよいのである。後は，乾電池だろうが手回し発電機だろうが，2つの電磁石に流れる電流は必ず等しくなるため，巻き数の多い電磁石の方が強くなるというわけである。

●本時の理解確認小テスト問題●

■獲得させたい知識を問う問題

○電磁石を強くするためには，どんな工夫が必要ですか。

〔解答：電流を強くする工夫，コイルの巻き数を増やす工夫〕

■獲得させたい思考を問う問題

A　かん電池1個 200回巻き　B　かん電池2個 100回巻き　C　かん電池2個 100回巻き　D　かん電池1個 50回巻き

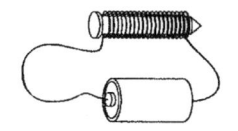

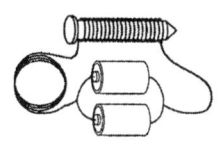

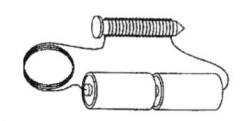

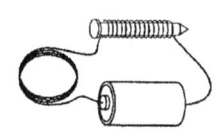

※A～Dの導線の長さはすべて同じです。

○電磁石の強さとコイルの巻き数との関係を調べる時には，□□□と□□□を比べる。

〔解答：AとD〕

○電磁石の強さと電流の強さとの関係を調べる時には，□□□と□□□を比べる。

〔解答：BとC〕

■理解深化課題に関する問題

○段ボール紙から出ている導線2本に乾電池をつないだら，上にのせている方位磁針の針が少し動きました。段ボールの中は，どのように配線されているでしょうか。

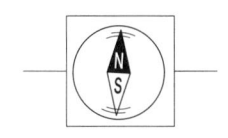

〔解答：導線がまっすぐ通っているだけ〕

5年　●B 生命・地球　●動物の誕生

卵の中の成長

★見逃しそうな卵の特徴を，細部まで観察する力をつける。

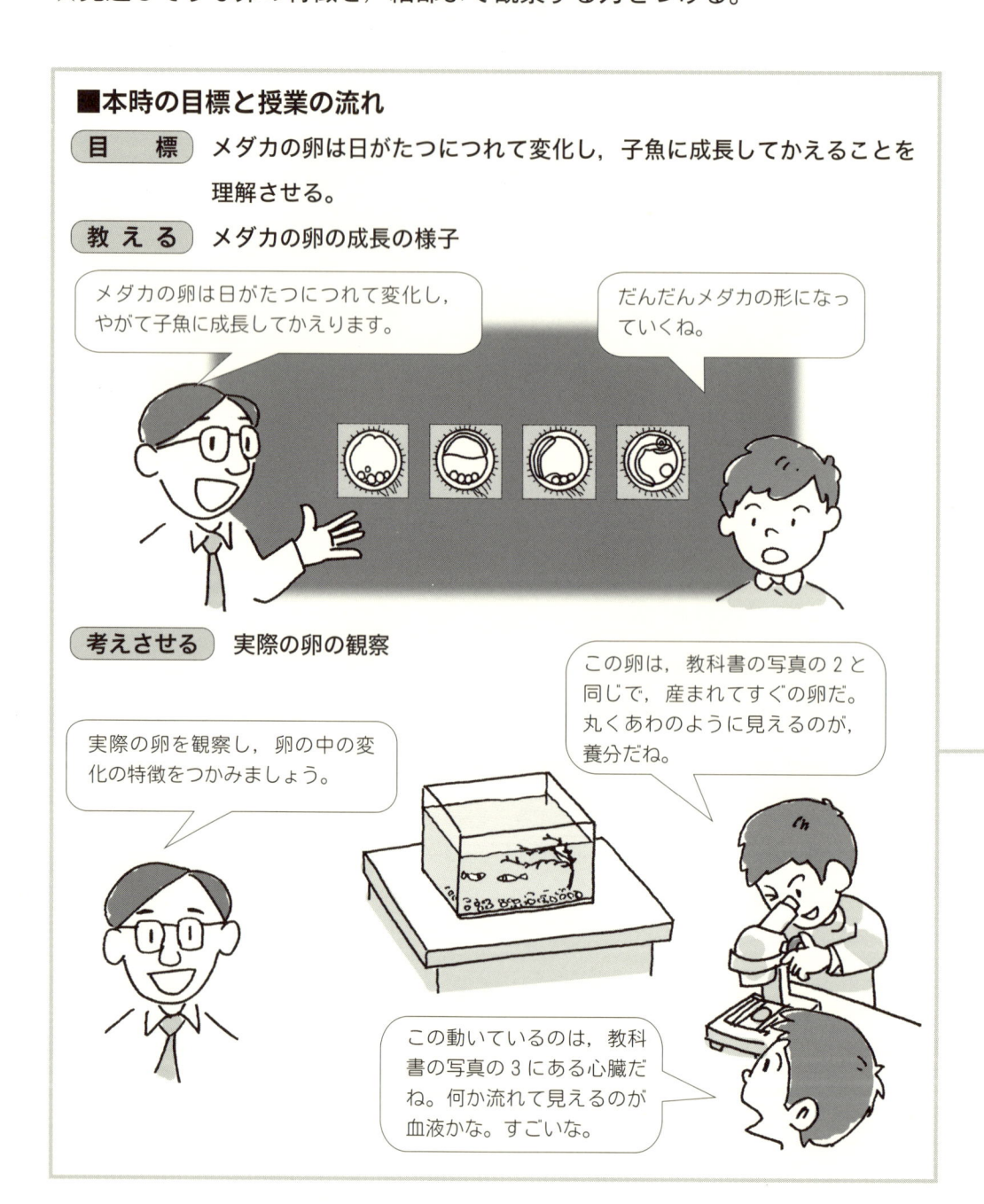

■**本時の目標と授業の流れ**

目　標　メダカの卵は日がたつにつれて変化し，子魚に成長してかえることを理解させる。

教える　メダカの卵の成長の様子

「メダカの卵は日がたつにつれて変化し，やがて子魚に成長してかえります。」

「だんだんメダカの形になっていくね。」

考えさせる　実際の卵の観察

「実際の卵を観察し，卵の中の変化の特徴をつかみましょう。」

「この卵は，教科書の写真の2と同じで，産まれてすぐの卵だ。丸くあわのように見えるのが，養分だね。」

「この動いているのは，教科書の写真の3にある心臓だね。何か流れて見えるのが血液かな。すごいな。」

■学習指導要領の内容／動物の誕生

　魚を育てたり人の発生についての資料を活用したりして，卵の変化の様子や水中の小さな生物を調べ，動物の発生についての考えを持つことできるようにする。
　ア　魚には雌雄があり，生まれた卵は日がたつにつれて中の様子が変化してかえること。
　イ　魚は，水中の小さな生物を食べ物にして生きていること。
　ウ　人は，母体内で成長して生まれること。

単元の構成　（8時間）

※丸数字の時数を「教えて考えさせる授業」で展開。教は「教えること」考は「考えさせること」

時数	指　導　内　容
1	○魚の誕生について調べる計画を立てる ・魚が卵から産まれてくるまでの育ち方を調べる方法を考えさせる。
②	○メダカを飼って卵を産ませる 教 メダカの雌雄を判別する方法（予習：メダカの雌雄の体の形の特徴） 考 メダカを観察して，雌雄に分けさせる。
③ ④ ⑤	○メダカの卵の中の成長を調べる 教 メダカの卵の中の成長の様子。（教科書，写真，映像を使用）（予習あり） 考 卵の中の様子を観察し，成長過程をとらえさせる。
⑥	○かえったばかりのメダカの体の様子を調べる 教 卵からかえったばかりの子メダカの体の特徴 考 子メダカの様子を観察し，腹のふくらみなど体の特徴をとらえさせる。
7 8	○メダカが食べている水中の小さな生物を調べる ・顕微鏡を使って水中の小さな生物を観察し，メダカが食べているものを調べさせる。

本時の展開 3／8時（45分）

目標：メダカの卵は日がたつにつれて変化し，子魚に成長してかえることを理解させる。

教える	説明 10分	〈予習：メダカの卵の中の変化について，特徴を箇条書きにノートにまとめてくる。（教科書使用）〉 ①教科書の写真を拡大したものを掲示し，卵の中の変化を説明する。 ・各自の予習内容を確認して共有化する。 ・生まれた直後，油玉，目が見える時期，心臓と血流が見える時期，生まれる直前の段階の写真と特徴を知らせる。
考えさせる	理解確認 15分	②挙手や説明活動で子どもたちの理解度を表現させる。 ・予習と説明によって，卵の中の変化がわかったかどうかを，「よくわかった」「だいたいわかった」「よくわからない」から選択し，挙手させる。 ・それぞれの段階の子から数人を指名し，選んだ理由を聞く。 ・ペアで，教科書を使って，メダカの卵の中の変化を説明し合わせる。
	理解深化 15分	③解剖顕微鏡でメダカの卵を観察し，記録して特徴を調べさせる。 ・解剖顕微鏡の使い方を説明する。 ・2人で1台（数に限りがある時は3，4人で1台）の解剖顕微鏡で卵を観察させる。 ・記録用紙に観察できた特徴を図で描かせ，気づいたことを言葉で付け加えさせる。 ・写真や予習内容と比較させる。 ・何人かの図を提示し，気づいたことを交流させる。
	自己評価 5分	④自分の気づきを表現させる。 ・以下の3つのカードを用いて，新しく知ったことや疑問に思ったことなど，気づきを書かせる。 　あれっ（どれが油玉かな？　まわりの毛は思ったより長いな。） 　やはり（卵の中に油玉がちゃんと見えた。） 　きっと（次に見るときは，メダカの赤ちゃんの目が見えるかな？）

※2回目，3回目（第4時～5時）の観察は，卵の中の状態に応じて，臨機応変に時間を設定して行うようにする（45分間使わなくてもよい）。

※観察での理解深化と，3つのカードを用いた自己評価は，繰り返して行うことによって学習がパターン化し，子どもたちが主体的に観察や話し合いを進められるようになる。

※3回目の観察の終末に，上の②で行った理解度評定をもう一度行い，初めの段階と比較させる。

5年　●B 生命・地球　●動物の誕生

本時の板書

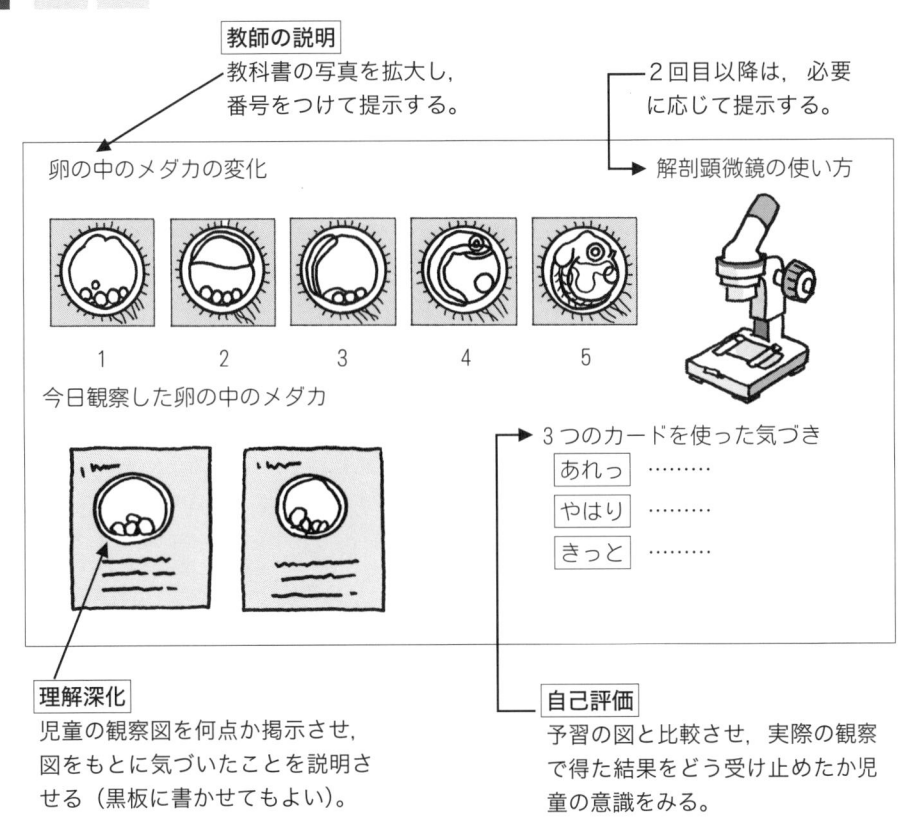

教師の説明
教科書の写真を拡大し，番号をつけて提示する。

2回目以降は，必要に応じて提示する。

解剖顕微鏡の使い方

卵の中のメダカの変化

1　2　3　4　5

今日観察した卵の中のメダカ

3つのカードを使った気づき
- あれっ　………
- やはり　………
- きっと　………

理解深化
児童の観察図を何点か掲示させ，図をもとに気づいたことを説明させる（黒板に書かせてもよい）。

自己評価
予習の図と比較させ，実際の観察で得た結果をどう受け止めたか児童の意識をみる。

本時のポイント

■ 予習の内容と指示の出し方

①いつ　　　　宿題として卵の中の変化を調べる。
　　　　　　　3時間目の授業の冒頭に，発生の過程を確認する。

②どこで　　　宿題・翌日の授業の冒頭

③何を　　　　教科書の写真による卵の中の発生

④どのように　各自で自分の教科書の写真をもとに，発生の順序と特徴をノートに箇条書きさせておく。また，3時間目の授業の冒頭に，黒板に拡大した写真を掲示して卵の中の変化（発生の過程）をみんなで確認する。

■ メダカの卵の観察のさせ方

　メダカの卵は，ペトリ皿や時計皿（ホールグラス）に少量の水とともに入れて解剖顕微鏡で観察する。観察する際に卵が乾燥することがないように注意し，観察後はすぐに卵を育てる入れ物に戻すようにさせる。

　解剖顕微鏡の使い方は，実物を使って説明したあと，黒板に図と使い方の手順を掲示しておき，子どもたちがいつでも確認できるようにしておく。

■ 理解度の自己評定

　教師からの説明の後，1回目の理解度評定を挙手で行い，人数を記録しておく。数回にわたる観察と話し合いを終えて，2回目の理解度評定を行い，実際の観察を行った学習後の自分たちの変容を実感できるようにする。

段　階	観察前		数回の観察と話し合いの後
よくわかった	5人	⇒	20人
だいたいわかった	15人		10人
あまりわからなかった	10人		0人

本時のミニ知識

卵のふ化について

　ふ化に要する日数は7～14日で，水温が高いとふ化は早くなる。

　産まれて1日たつと図にある丸い泡状のもの〈油玉〉が集まって見える。この油玉は，養分として後で吸収される。3日目くらいでメダカの形が表れ始め，目玉が見えてくる。

　4，5日たつと心臓が動き始め，血液も流れ始める。10日程たつと，中で子メダカが動く様子が見られるようになる。

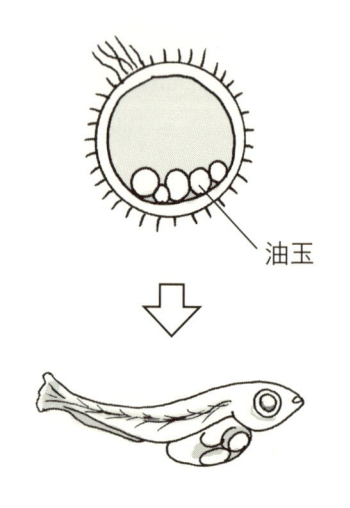

5年 ●B 生命・地球 ●動物の誕生

メダカの飼育について

〈入れ物〉

右の図のように，角柱型のペットボトルを使って，簡単な水そうを作り雌雄のメダカを入れ，教室に常時おいておく。産んだ卵を見つけやすく，すぐに採取して卵だけ別の容器に移すことができる。

〈水〉

池の水や雨水，流水を使うとよい。水道水を使うときは，3日から10日程汲み置きをする。または，バケツ1杯の水に対して1粒程度のチオ硫酸ナトリウム（ハイポ）を投入する。入れ替える時は，もとの水温との差が出ないようにする。

■ 本時の理解確認小テスト問題 ■

下の図〈写真〉は，産まれて1日目の卵の中のようすです。
(ア)と(イ)は，どんな役割をするところだと思いますか。

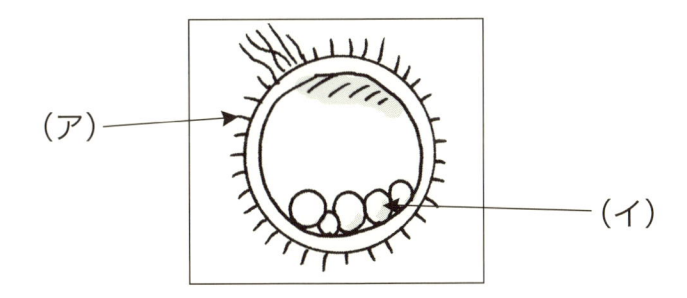

(ア)の役割

【解答例】
　卵が流されてしまわないように，水草などにくっつくための毛のようなもの

(イ)の役割

【解答例】
　メダカにとっての養分の役割

5年 ●B 生命・地球 ●流水の働き

川の地形と流水の働き

★石の形や大きさの違いから，水の流れの強弱を推測する力をつける。

■本時の目標と授業の流れ

目標 川の上流と下流によって，また，川の流れによって川原の石の大きさや形に違いがあり，上流の石はごつごつして大きく，下流の石は丸みを帯びていて小さいことを理解させる。

教える 上流，中流，下流の石の大きさや形の特徴

> 川の上流の石は，角ばっていて大きく，下流の石は，丸みを帯びていて小さいのです。

> 石は，川の水のはたらきで流されていく間に，角がけずられ，小さく，丸くなっていくんだ。

考えさせる 3種類の中流の石を提示し，形や大きさから，どの流域にあった石かを考えさせる

> この石は，川のどのあたりの石だろう。

中流の石

> これは丸みがあって小さいから，下流の石かな。

> この大きさから考えると，中流の石かな。

■**学習指導要領の内容／流水の働き**

　地面を流れる水や川の様子を観察し，流れる水の速さや量による働きの違いを調べ，流れる水の働きと土地の変化の関係についての考えをもつことができる。

　ア　流れる水には，土地を侵食したり，石や土などを運搬したり堆積させたりする働きがあること。
　イ　川の上流と下流によって，川原の石の大きさや形に違いがあること。
　ウ　雨の降り方によって，流れる水の速さや水の量が変わり，増水により土地の様子が大きく変化する場合があること。

単元の構成　（10時間）

※丸数字の時数を「教えて考えさせる授業」で展開。教は「教えること」考は「考えさせること」

時数	指導内容
①	○流水の3つの働き 教 3つの働き（けずる・運ぶ・ためる）と流れる水の速さとの関係（予習あり） 考 グラウンド，校庭などで，実際に流れる水の3つの働きを観察する。
2　3	・教科書を読んだり，予備実験を行ったりして，実験計画を立てる。
④	○川の地形と流水の働きの関係 教 川の地形と，流水の3つの働きの関係 考 川の曲がっているところは，この後どのように変化していくと予想されるか。
⑤	教 上流，中流，下流の石の形や大きさと，川の3つの働きとの関係 考 近くの川の中流の石を見せて，川のどの辺りにあった石か考えさせる。
6	○川と災害 ・大雨の時の川の流れはどうなるのか。その結果，どのような災害が引き起こされるのか予想させる。 ・災害を守る工夫について調べて，ノートに書かせる。
⑦	○実際の川の様子の観察 教 観察のポイントや実験の仕方（予習あり） 考 これまで学習してきたことを実際の川で観察，実験する計画を立て準備する。
8　9 10	・実際の川での観察，実験 ・観察，実験からわかったことを「川新聞」にまとめる。

本時の展開

目標：川の上流と下流によって，また，川の流れによって，川原の石の大きさや形に違いがあり，上流の石はごつごつして大きく，下流の石は丸みを帯びていて小さいことを理解させる。

準備：大きさが同じ中流の石，大きさが違う中流の石（5～6個×グループ数分）

教える	説明 10分	①川の上流，中流，下流の石の特徴について，子どもに発表させたあと，教師からも説明する。 ・上流，中流，下流それぞれの石の様子について，教科書の写真を見て考えたことをノートに書かせる。 ・数名の児童に発表させる。 ・児童の発表をもとに，前時に学んだ川の上流，中流，下流の特徴と結びつけながら，石の特徴について教師から説明する。 〈説明のポイント〉 　上流は流れが速く，大きなごつごつした石が見られる。 　中流は，流れがゆるやかなカーブの内側に，石が積もっている。やや丸みを帯びていて，石の大きさはやや小さい。 　流されてくる間に丸く小さくなっている。下流は，全体的に流れがゆるやかなので，小さな石でも積もっている。
考えさせる	理解確認 10分	②中流の石（大きさが同じ）を配り，川の上流，中流，下流のどのあたりの石か予想させる。 ・バットに中流の石5～6個を入れたものを，グループごとに配る。 ・だいたいの大きさや形がそろった石を選ぶ。（もちろん，上中下流どこの石かは言わない。） ・他のグループの石も自由に観察させ，根拠をもって予想できるようにする。 ・グループごとの予想とその根拠を発表させた後，教師が正解を発表する。
	理解深化 18分	③中流の石（大きさが違う）を配り，川の上流，中流，下流のどのあたりの石か予想させる。 ・今度は，やはり中流から集めたものの，大きさは違う石をとりまぜたバットにする。拾った場所ごとに分けて，たくさんの石をシート上に広げておき，自由に観察できるようにしておく。 ・グループごとの予想とその根拠を発表させた後，教師が正解（どれも中流の石）を発表する。 ・同じ中流なのに，なぜ大きさがまちまちなのかを考えさせる。 ・教師から，石の形や大きさは川の流れの速さに関係することを確認する。 ・上流と下流の石も配り，それぞれの石の特徴を確認する。
	自己評価 7分	④今日の感想を書かせる。 ・本時の目標にそくして，わかったこと，わからなかったことを書かせる。 ・その他，自由に感想を書かせる。 ・時間があれば，数名に発表させる。

5年　●B 生命・地球　●流水の働き

本時の板書

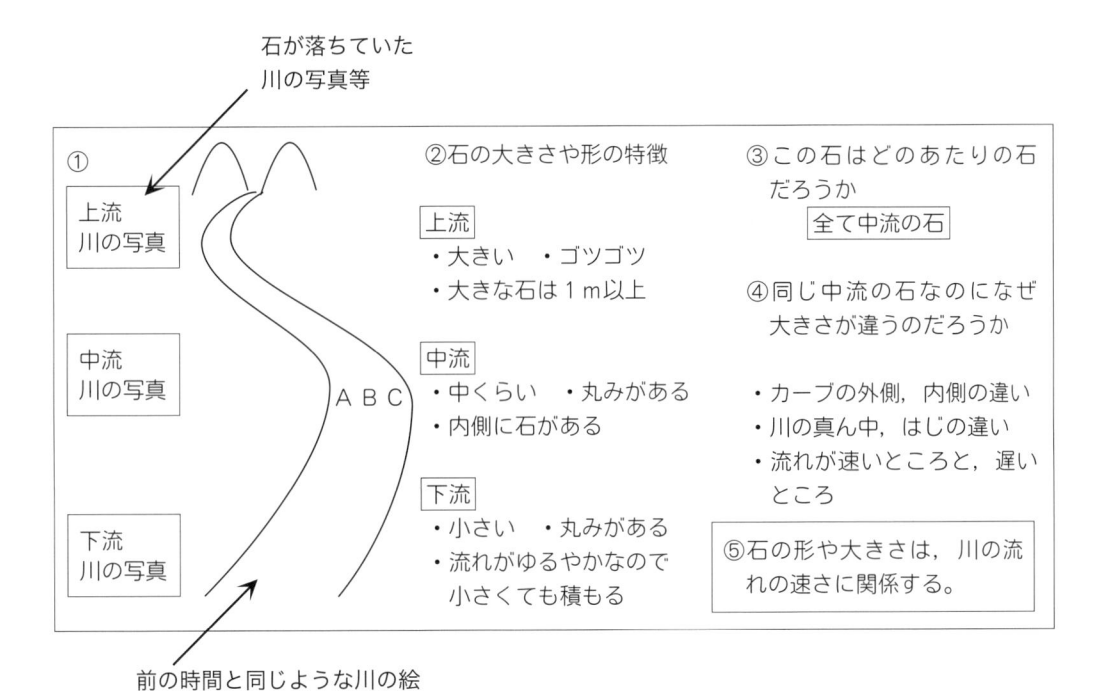

```
①                    ②石の大きさや形の特徴      ③この石はどのあたりの石
                                                  だろうか
┌──────┐  石が落ちていた    上流
│上流   │← 川の写真等      ・大きい　・ゴツゴツ      全て中流の石
│川の写真│                 ・大きな石は1m以上
└──────┘                                      ④同じ中流の石なのになぜ
                         中流                    大きさが違うのだろうか
┌──────┐                 ・中くらい　・丸みがある
│中流   │     A B C       ・内側に石がある        ・カーブの外側，内側の違い
│川の写真│                                        ・川の真ん中，はじの違い
└──────┘                 下流                    ・流れが速いところと，遅い
                         ・小さい　・丸みがある     ところ
┌──────┐                 ・流れがゆるやかなので
│下流   │                   小さくても積もる      ⑤石の形や大きさは，川の流
│川の写真│                                        れの速さに関係する。
└──────┘
  ↑
前の時間と同じような川の絵
```

本時のポイント

■ 流れの速さに着目させる理解深化課題

　本時の理解深化課題は，右図に示したA，B，Cの石を子どもに示して揺さぶりをかけ，単に上中下流の場所ではなく，「流れの速さ」が重要なのだという点の理解を深めさせるものである。

　理解深化課題は，子どもの実態に合わせてヒントを出すことも考えられる。例えば，A，B，Cと板書する予定のあたりを□で囲んで石を拾った地点を示したり，先に他のグループとも話し合わせたりするなどが考えられる。また，シートにA，B，C地点の石を置いておくが，その際シートにA，B，Cと明記しておくと便利である。

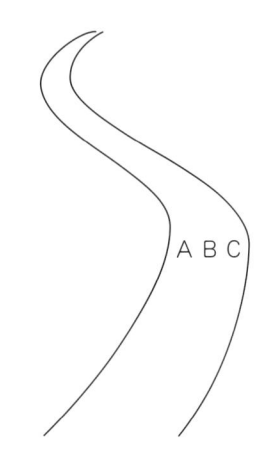

■ 教師による事前調査の留意点

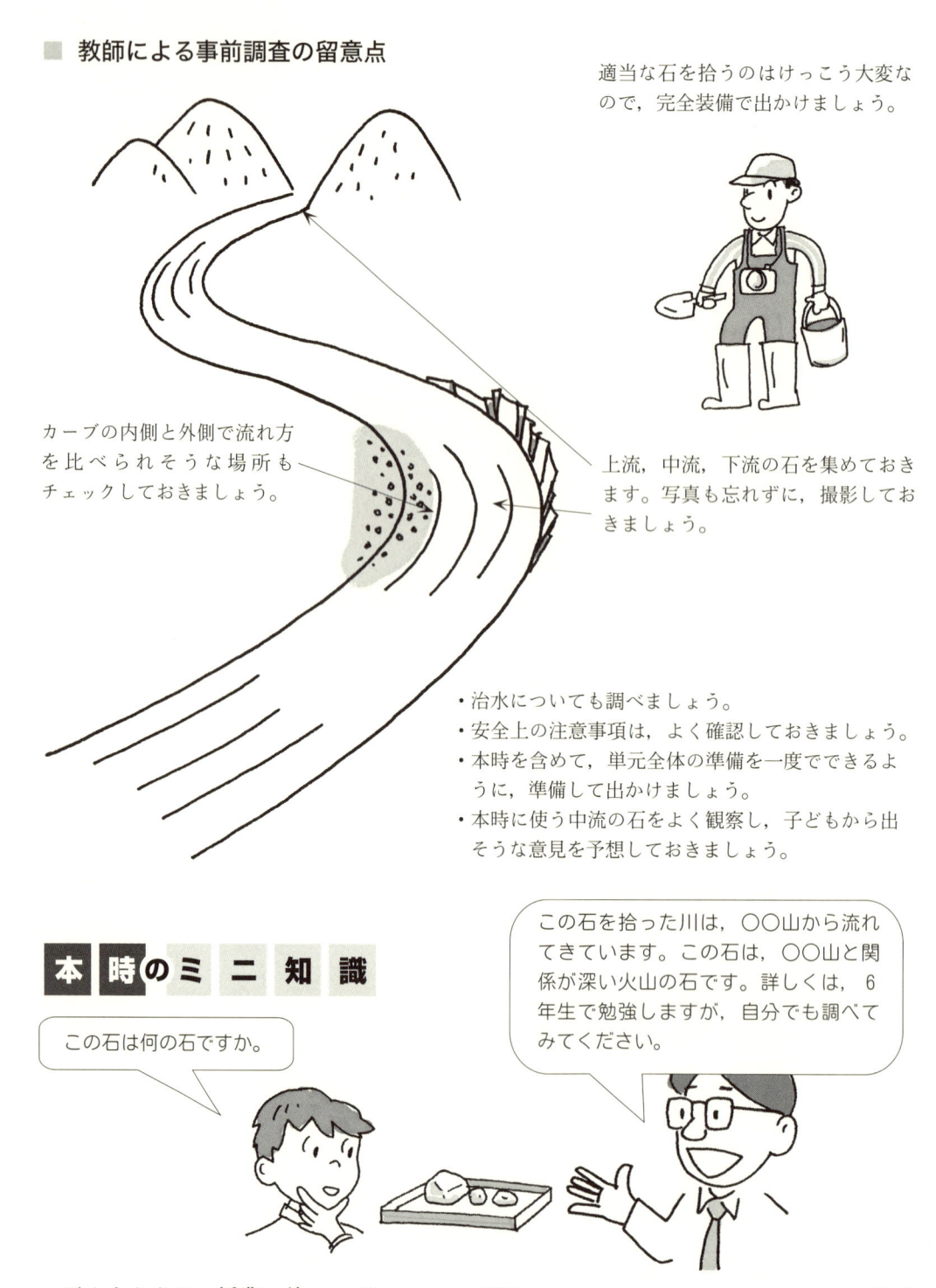

適当な石を拾うのはけっこう大変なので，完全装備で出かけましょう。

カーブの内側と外側で流れ方を比べられそうな場所もチェックしておきましょう。

上流，中流，下流の石を集めておきます。写真も忘れずに，撮影しておきましょう。

・治水についても調べましょう。
・安全上の注意事項は，よく確認しておきましょう。
・本時を含めて，単元全体の準備を一度でできるように，準備して出かけましょう。
・本時に使う中流の石をよく観察し，子どもから出そうな意見を予想しておきましょう。

本時のミニ知識

この石は何の石ですか。

この石を拾った川は，〇〇山から流れてきています。この石は，〇〇山と関係が深い火山の石です。詳しくは，6年生で勉強しますが，自分でも調べてみてください。

　子どもたちは，授業で使った石，その石が落ちていた川に興味をもつ。そこで，教師としては，このあと実際に観察に行く川への興味を高めるためにも，石の由来や川の詳しい知識を仕入れて，子どもの質問に答えられるように準備しておきたい。

5年　●B 生命・地球　●流水の働き

本時の理解確認小テスト問題

■知識を問う問題

○上流，下流の石の形には，どのような特徴がありますか。

〔解答例：上流の石は角ばっており，下流の石は丸みを帯びている。〕

■思考を問う問題

○上流の石と下流の石の形は，どうして違うのですか。

〔解答例：上流から下流へと流される間に，削れて丸くなるから。〕

○下流の石は小さいのに，どうして積もるのですか。

〔解答例：下流は，流れがゆるやかだから。〕

付録

■流水実験は小さくても大丈夫

この流水実験は時間がかからないので，2，3時間目の予備実験にお勧めです。

60cm くらいの大きさのバットでも十分です。小さくても実験は可能です。かえって便利なことも多いかもしれません。

■子どものノート例（本時）

〈上流〉
石の大きさは大きく，石の形は角ばっています。
〈下流〉
石の大きさは大きく，石の形は丸みを帯びています。

○この石は，川のどのあたりの石だろうか。
観察
・丸みを帯びている。
・石の大きさは10 cmで小さい。
予想
○大きさや形から，下流の石だと思う。

〈感想〉
下流だと思ったけど中流だった。本当の下流の石はすごくツルツルで，比べてみると，中流の石は，ゴツゴツでもないし，ツルツルでもなく，その中間くらいだ。

5年　●B 生命・地球　●天気の変化

雲の観察から天気を予想する

★雲の種類や動きなどの観察の視点がわかれば，それにしたがって予想することに意欲的になる。

■本時の目標と授業の流れ

目　標　乱層雲は雨と関係があるなど，天気の変化と雲の形や量，動きが関係していることを理解させる。

教える　雨に関係する雲の種類

> 雲にはいろいろな種類がありますが，雨に関係する雲には乱層雲などがあります。他にも雨を降らす雲が資料に出ています。

> 羊雲って聞いたことがある。この雲が見られると，雨になることが多いのか。

考えさせる　雲を観測し，5時間後の天気を予想する

> あれは乱層雲かな？だとしたら5時間後は…

■学習指導要領の内容／天気の変化

　1日の雲の様子を観測したり，映像などの情報を活用したりして，雲の動きなどを調べ，天気の変化の仕方についての考えをもつことができるようにする。
　ア　雲の量や動きは，天気の変化と関係があること。
　イ　天気の変化は，映像などの気象情報を用いて予想できること。

単元の構成　（8時間）

※丸数字の時数を「教えて考えさせる授業」で展開。教は「教えること」考は「考えさせること」

時数	指導内容
①	○気象予報士はどのようにして天気を予想しているか
	教 気象予報士は雲の動きなどをもとにして天気を予想すること
②	考 天気の変化を知るための情報，天気の変化のきまり
③	○天気の変化のしかたには，きまりがあるのか（数日間調べさせる）
	（予習：天気のきまり調べ〈新聞の天気欄を数日間切り抜き〉）
	教 日本付近では雲は西から東へ動き，天気も西から変わってくることが多いこと
	考 同時刻の気象衛星の写真（新聞の切り抜き），アメダスの雨量情報，各地の天気などの情報を関連させながら，天気の変化について考えさせる。
④	○雲の種類を調べ，5時間後の天気を予想しよう
	（予習：雨と関係がある雲について調べさせる）
	教 乱層雲などは雨と関係がある雲であること
	考 実際に雲を観測して記録し，雲の種類などから5時間後の天気を予想させる
5 6	○インターネットなどの情報を活用して明日の天気を調べよう
	既習事項を踏まえながら，インターネットなどの気象情報を活用し，明日の天気を予想させる。
7 8	○台風には，天気の変化のきまりが当てはまらないこと（指導時期は台風に合わせて）
	日本付近のいくつかの台風の進路を線で表し，どれも天気の変化のきまりが当てはまらないことをとらえさせる。また，台風がもたらす降雨などから引き起こされる自然災害について説明する。

本時の展開　1時間（45分）＋本時以外時間（15分）

目標：乱層雲は雨と関係があるなど，天気の変化と雲の形や量，動きは関係していることを理解させる。

教える	説明 10分	①予習で調べた雲の種類と特徴について子どもに発表させたあと，教師からも資料を提示しながら，乱層雲などの雲が雨に関係することを説明する。 ・調べてきた天気の変化に関係する雲の絵（A4判）を黒板に貼り説明する。 ・発表されたものと違う雲があった場合には，他のものも発表させ絵を貼る。 ・教師からも子どもが調べた以外の雲について提示し，天気が関係することを説明する。
考えさせる	理解確認 10分	②子どもに確信度の違いを3色の付箋紙を使って選択，表現させる。（1回目） ・「雲の種類から天気が予想できるか」と板書する。 ・雲の種類は天気を予想する判断材料として考えられるかどうかについて，自信の程度を，赤い付箋紙（絶対自信あり），黄色い付箋紙（確信度半分程度），青い付箋紙（自信なし）の3色から選択させる。 ・付箋紙には，その色を選択した理由を書かせる。 ・書き終えた子どもから黒板に貼らせる。貼るときには，雲の種類ごとに貼らせる。 ・全員が付箋紙を貼り終わったら，どのような理由が書いてあるか，数人の子どもの付箋紙の内容を読み上げる。
	理解深化 25分	③実際の雲を観察し，5時間後の天気を予想する。 ・「これまで調べてきた雲をもとにして，実際の雲を見て天気を予想してみよう」と投げかけ，屋上や校庭に出て雲を観察し，5時間後の天気を予想させる。 ・雲の種類だけでなく，色や量，動きなども観察し，予想の根拠とさせる。 ・小グループごとに話し合い，天気を予想させる。 ・理科室に戻り，小グループごとの発表から，クラス全体として5時間後の天気予想をまとめる。（クラスの予想がまとまらない場合には無理にまとめず，複数の予想にしておく。）
		5時間後
	自己評価 15分	④5時間後の天気の結果を確認し，再度，確信度を表現する。（2回目） ・5時間後の天気から，雲の種類は天気を予想する判断材料として考えられるかどうかについて振り返り，3色の付箋紙の色の変化や自分の書いた内容を比べ，変容を自覚させる。 ・観察した結果と気象衛星からの情報なども関連付けながら考察させる。 ・観察結果から考えられることを小グループ内で話し合わせる。 ・1回の観察結果だけではなく，今後も数日間調べていくようにする。

5年　●B 生命・地球　●天気の変化

本時の板書

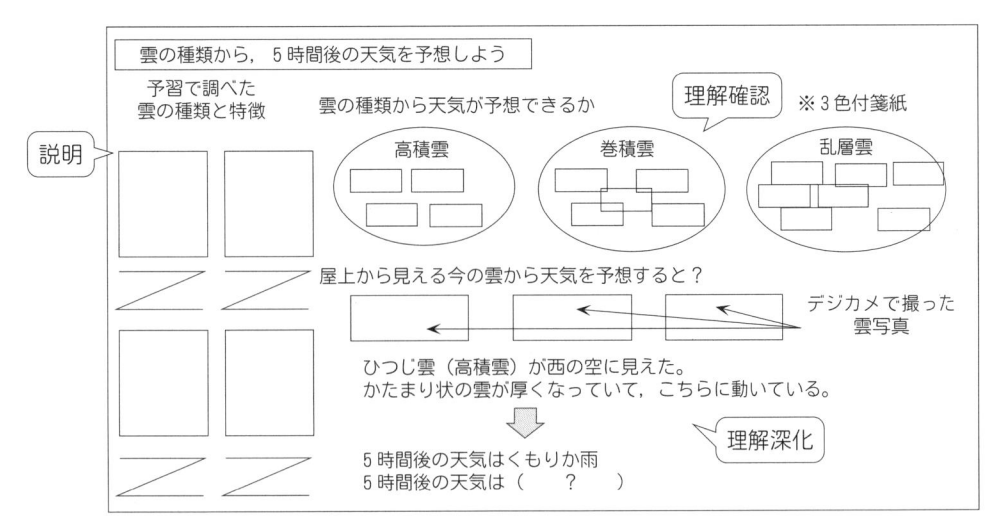

```
雲の種類から，5時間後の天気を予想しよう
                                          理解確認    ※3色付箋紙
予習で調べた    雲の種類から天気が予想できるか
雲の種類と特徴
説明    ┌──┐┌──┐  ( 高積雲 )  ( 巻積雲 )  ( 乱層雲 )
        │  ││  │
        └──┘└──┘
        ┌──┐┌──┐  屋上から見える今の雲から天気を予想すると？
        │  ││  │                              デジカメで撮った
        └──┘└──┘  □ ← □ ← □             雲写真
                    ひつじ雲（高積雲）が西の空に見えた。
        ┌──┐┌──┐ かたまり状の雲が厚くなっていて，こちらに動いている。
        │  ││  │                          理解深化
        └──┘└──┘  ↓
                    5時間後の天気はくもりか雨
                    5時間後の天気は（　？　）
```

↑雲の種類（写真）と説明の図を掲示。本時では，平成18年度用東京書籍中学校教科書「新しい科学2下」を使用

本時のポイント

■ 予習の内容と指示の出し方

本時の予習は，「雨と関係がある雲について調べてくる」ことである。具体的には，本時の前の時間の終末に，以下のような内容で指示を出す。

- いつ　　　　　　　本時が始まる前までに
- どこで　　　　　　学校や家で
- 何を，どのように　教科書に掲載されている雲の絵とその特徴をノートに写してくる。教科書以外の雲についても，図鑑やインターネットで調べ，記録してくる。

雲の種類や特徴について調べてくる宿題については，子どもが天気の変化について，雲が関係しているという見方や考え方になってから課題を出すようにすることがポイントである。何のために雲を調べるのか目的意識をもたせ，天気の変化と関係付けや意味付けをさせながら調べさせるようにする。

■ 理解確認の方法―3色の付箋紙を使って確信度を表現

3色の付箋紙を使った確信度表現とは，本時の「雲の種類から天気が予想できるか」

という問いに対して,「できる」か「できない」かの2者択一ではなく,3段階の確信度に応じ,自分の考えを表現させる方法である。

本時の3色（赤,黄,青）の付箋紙の活用方法は,以下の通りである。

赤色→「ぜったいに雲の種類によって天気は予想できる」（確信度が高い場合）

黄色→「たぶん雲の種類によって天気は予想できる」（確信度が半分程度の場合）

青色→「ひょっとしたら雲の種類によって天気は予想できる」（確信度が低い場合）

考えの確からしさに差をつけて表現させることで,自信がない子どもでも授業に参加させることができる。また,自信の程度は理解の様相と密接に関連している。付箋紙の色の違いは,子どもの理解状態を推し量るツールとして有効である。

本時における3色付箋紙の具体的な活用手順は以下の通りである。

① 予習内容や教師の説明から得られる個人の考えを3色の付箋紙に選択して書く。

② 書き終えた子どもから,黒板に貼りに行く。黒板に貼る際には,自分の考え（根拠）と同じ所に貼る。

　例）羊雲が見られたら,雨になることが多いと教科書に書いてあるから。

　例）羊雲が見られると雨になることが多い。また,雲が厚くなると雨が降る確率が高くなる。

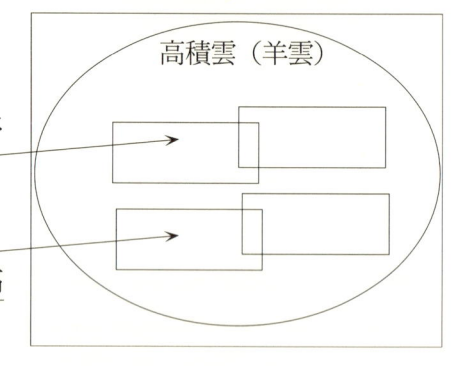

同じ高積雲のグループでも,根拠の違いによって少し離して貼らせるようにする。さらに自分の考えを書くことができない子どもには,黒板に貼られた付箋紙を見にいっても良いことを知らせることで,モデル効果が生じ,自分の考えを書きやすくする。

③ 類型化ごとに小グループ（エキスパートグループ）をつくってどんな方法で観察するか,また役割分担などの話し合いをさせ,視点を明確にして雲を観察をさせる。

④ 実際の雲を観察した後に再度3色の付箋紙を選択させ,初めの根拠と比べ振り返りながら考察を加える。

5年　●B 生命・地球　●天気の変化

本時のミニ知識　　10種雲形

　世界気象機関（WMO）は，雲の特徴から3つの基本形（層雲系，積雲系，巻雲系）と高さを組み合わせ，雲を10種類に分けている。

　　層雲系：水平方向に広がる。
　　積雲系：団塊状で鉛直方向に延びている。
　　巻雲系：主に氷晶でできている。空一面が薄いベールで覆われたようになる。

　　　層雲　　　　　　　　　積雲　　　　　　　　　巻雲

　新しい『小学校学習指導要領解説理科編』では「雨に関係する雲として乱層雲などが考えられる」と記載されている。ここで紹介した10種雲形は，中学校理科の教科書にも記されている。それぞれの特徴を知っていると子どもの質問にも困らない。

本時の理解確認小テスト問題

■獲得させたい知識を問う問題

　天気を予想するにはどんな情報が必要ですか。（解答例：雲の種類）

■獲得させたい思考を問う問題

　天気を予想するために，雲の種類だけでなく他に観察するポイントを書きましょう。
（解答例：雲の色や雲の量（厚み），雲の動きなども観察する。）

■理解深化課題に関する問題

　次の雲で雨に関係するものはどれでしょう。（　　）に○をつけましょう。

　　　乱層雲　　　　　　　　　巻雲　　　　　　　　　高積雲

　　　（ ○ ）　　　　　　　　（　）　　　　　　　　（ ○ ）

6年　●A 物質・エネルギー　●てこの規則性

"まごの手"でも,「てこのきまり」は通用する？

★子どもが混同しがちな「重さ」と「傾けるはたらき」の区別を意識させる。

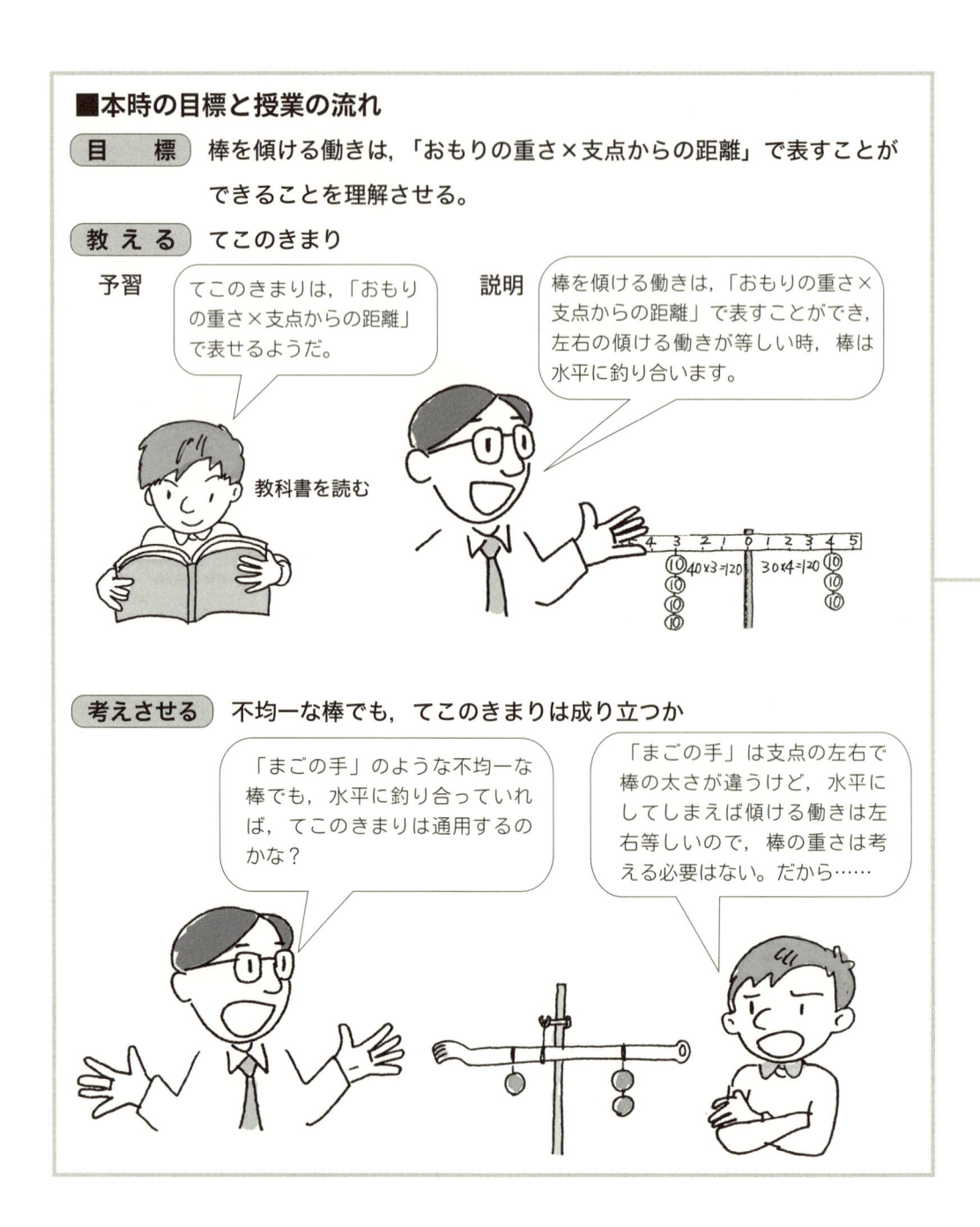

■本時の目標と授業の流れ

目標 棒を傾ける働きは,「おもりの重さ×支点からの距離」で表すことができることを理解させる。

教える てこのきまり

予習　てのきまりは,「おもりの重さ×支点からの距離」で表せるようだ。

教科書を読む

説明　棒を傾ける働きは,「おもりの重さ×支点からの距離」で表すことができ,左右の傾ける働きが等しい時,棒は水平に釣り合います。

考えさせる 不均一な棒でも，てこのきまりは成り立つか

「まごの手」のような不均一な棒でも，水平に釣り合っていれば，てこのきまりは通用するのかな？

「まごの手」は支点の左右で棒の太さが違うけど，水平にしてしまえば傾ける働きは左右等しいので，棒の重さは考える必要はない。だから……

■学習指導要領の内容／てこの規則性

　てこを使い，力の加わる位置や大きさを変えて，てこの仕組みや働きを調べ，てこの規則性についての考えをもつことができるようにする。

　ア　水平につり合った棒の支点から等距離に物をつるして棒が水平になったとき，物の重さは等しいこと。

　イ　力を加える位置や力の大きさを変えると，てこを傾ける働きが変わり，てこがつり合うときにはそれらの間に規則性があること。

　ウ　身の回りには，てこの規則性を利用した道具があること。

単元の構成　（10時間）

※丸数字の時数を「教えて考えさせる授業」で展開。**教**は「教えること」**考**は「考えさせること」

時数	指導内容
1 2 3	○シーソー（棒）を使って重さ比べをしよう ・力点の位置を変えて調べさせる（手応えと重さで）。 ・作用点の位置を変えて調べさせる（手応えと重さで）。 ・おもりの位置による働きの違いを考えさせる。
④	○てこのはたらきのひみつをさぐろう ・てこ実験器を使って，てこが釣り合うときのきまりを調べさせる。 **教** てこが釣り合うときのきまり **考** てこ実験器の複数の位置におもりを下げた時のきまりの有用性 **考** 不均一な棒でもきまりが通用するか
5 6 ⑦	・発展課題（大根問題）を出し，支点の左右の重さを調べさせる。 ・発展課題を調べた結果とその理由について，レポートにまとめさせる。 ・目盛りの間でもきまりが通用することを調べさせる（適用範囲の拡大）。 **教** 上皿てんびんの使い方 **考** 上皿てんびんによるものの重さ調べ
8 9 10	○きまりを活用した道具の発表会をしよう（または「おもちゃづくりをしよう」） ・てこを利用した道具を調べ，発表会をする（3時間）。 　　　または ・重さを測れる道具やモビールなどのおもちゃを作る（3時間）。

本時の展開

目標：棒を傾ける働きは，「おもりの重さ×支点から距離」で表すことができることを理解させる。
準備：てこ実験器，分銅，たこ糸，クリップ，ものさし，電卓，不均一な棒

教える	説明 5分	①「てこのきまり」について，てこ実験器を使いながら説明する。 ・「左のおもりの重さ×支点からの距離＝右のおもりの重さ×支点からの距離」が成り立つとき，てこ実験器の棒は水平に釣り合うことを言葉で確認させる。 ・てこ実験器の片方におもりを下げて，もう片方のどの位置に何gのおもりを下げたら水平になるのか発表させた後，その状態を再現し実験で確認させる。
考えさせる	理解確認 5分	②「てこのきまり」についての理解度を確認する。 ・「棒が水平に釣り合っていれば，てこのきまりは，いつでも成り立ちますか？」と発問し，きまりに対する自信の度合いを表明させる（「説明できる・ぜったい・きっと・たぶん・もしかして・ひょっとして」の6段階から選択）。 ・現段階での自信度とその理由を，ノートに書いてから黒板に名札を貼らせる。
	理解深化 30分	③おもりを複数の位置に下げた状態でも「てこのきまり」は成り立つか確かめさせる。 ・複数の位置におもりを下げて棒が水平に釣り合った状態を作り，この状態でも「てこのきまり」が通用するかどうか調べさせる。 ・複数の位置のおもりでもきまりが成り立つことの解説を考えさせる。 ・複数の位置におもりを下げて釣り合っているてこ実験器に，「新たに左に20g，右に10gを追加して釣り合わせるとしたら，どの位置に下げたらよいか」という問題を解かせる。 ④不均一な棒でも「てこのきまり」は成り立つか考えさせる。 ・「まごの手」を水平に釣り合わせたものを提示し，「これでも『てこのきまり』は成り立ちますか」と発問する。 ・「支点からの距離×おもりの重さ」を考えて，水平に釣り合うかどうか分銅を下げてみて調べさせる。 ⑤発展課題「大根問題」について考えさせる。 ・大根（またはニンジン）をひもで水平に釣り合わせた状態で提示し，「この大根を支点の位置で切って2つに分けたら，左右の重さはどうなるか」という課題を出す。 ・「傾ける働き」を意識させながら，支点の位置で切った場合の左右の重さについて考えさせ，自分の予想を発表させる。（大根問題の実験は次回の授業で扱い，その結果と意味をレポートにまとめさせる。）
	自己評価 5分	⑥今日の授業でわかったこと，まだわからないことを記述させる。 ・「重さ」と「傾ける傾き」の違いについて，どこまでわかったのかを中心に記述させる。

6年 ●A 物質・エネルギー ●てこの規則性

本時の板書

- 教師の説明:「てこのきまり」と、てこ実験器の模式図
- 理解確認: 複数箇所におもりを下げたときのルール 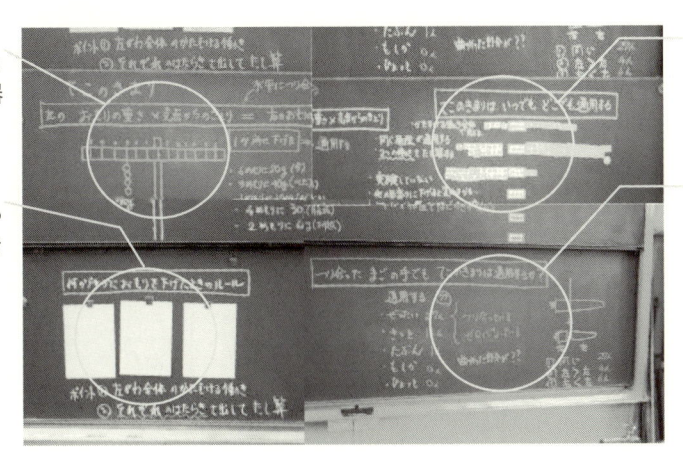
- 子どもの自信度とその理由
- 理解深化:「まごの手問題」と「大根問題」

本時のポイント

■ てこ実験器の複数の位置におもりを下げさせる

　教科書では，てこ実験器を使った実験では，左右のうでに1カ所ずつおもりを下げて，「てこのきまり」が適用できるかどうかを調べる。この状態は，「支点からの距離×おもりの重さ」という関係が単純化されているので，そのまま通用する場面となり，理解もしやすい。

　ところが，この場面があまりにも単純すぎるので，このような場面にしないといけない，つまり1カ所しかおもりを下げてはいけないという誤解をする児童もいる。また，あまりにも単純すぎて，この法則性の価値をあまり感じない。そこで，分銅を数カ所に分けた状態でも「てこのきまり」が適用できるかどうかを調べさせることにする。ここは，「モーメントの加法性」が成り立つことを学ぶ場面となる。

　児童は，1カ所に下げたおもりが，傾ける働きをすると考えるだろう。だから，違った場所にかけたおもりが，それぞれに「傾ける働き」を出すと考え，その働きを個別に算出し，総和として左右の傾ける働きを比較するという「ルール」を見つけることを期待している。

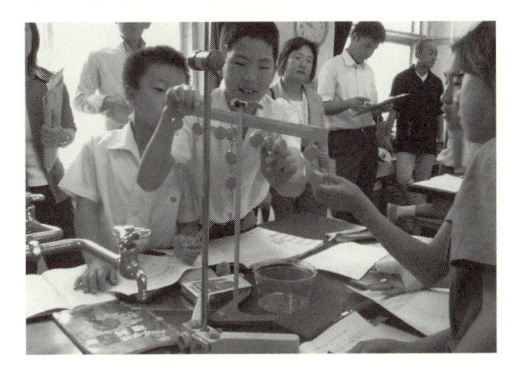

■ 不均一な棒で,「てこのきまり」を適用させる

次に,不均一な棒を使う場面を設定する。てこ実験器では,棒は均一,支点の位置も中央にある理想型である。児童の中には,この状態でなければ「てこのきまり」は通用しないと思いこむ子がいる。この考えを排する意味で,不均一な棒を導入する。

バットやまごの手のように,一見すると「てこのきまり」には不向きな棒であっても,ひもを使って水平に釣り合わせることで,棒の傾ける働きが左右等しい状態を作る。その後,おもりを下げれば,そのおもりによって発生する傾ける働きだけに着目すればよいことに気がつく。つまり,てこのきまりを適用させる場面の条件が明らかになると考える。

■ 「大根実験」(発展課題)で,「傾ける働き」と「重さ」の区別を意識させる

ここまでは,てこ実験器や不均一な棒を扱うことで,左右の傾ける働きが等しければ,水平に釣り合うことを学習してきた。

ところが,児童の中には,問題場面が変わると,「傾ける働き」と「重さ」を混同してしまう子もいる。そこで,「発展課題」として素朴概念が出やすい状況で,その区別ができるかどうかを自覚する場面の設定をした。

具体的には,大根(またはニンジン)をひもで水平に吊した状態を見せて,「支点の位置で大根を半分に切ったら,左右の重さはどうなりますか?」と問題を出す。

この場面では,ここまで学習してきた「傾ける働き」に着目して判断してくれれば,正しい判断ができると期待する。しかし,実際に水平に釣り合った大根を見てしまうと,思わず素朴概念が顔を出す。つまり,水平に釣り合った大根を支点の位置で切って半分にすると,「傾ける働き(支点からの距離×重さ)が等しい」はずなのに,素朴に「重さが等しい」と感じてしまう児童がいるのである。

そこで,実際に自分の予想が正しかったのかどうか調べる場を設定した。

実際の授業では,妥当ではない知識を活用させたために誤った判断をしてしまった児童がいた。直感的に判断してしまう児童には,この傾向が出やすいようだ。

活用には,単に知識や技能を使えばよいというレベ

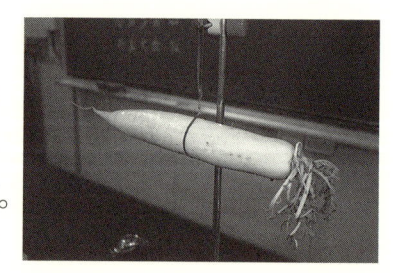

ルではなく，誤った知識が活用されることもあることを，失敗体験を教訓として学ぶことも，重要な活用である。つまり，「失敗の活用」である。

間違った予想をしてしまった児童には，その予想（判断）をしてしまった経緯を自分の中でふり返らせ，そのプロセスを丁寧に記述させる。そして，どこで判断ミスをしたのかを自覚させることが大事である。これ以降の場では，慎重に判断するだろう。

本時のミニ知識　「力のモーメント」と「重心」

「てこ」の釣り合いは，支点を中心として棒が互いに反対方向に傾けよう（回転しよう）とする働きが釣り合うことによって成立する。このような物を回転させようとする力の働きを「力のモーメント」と呼んでいる。力のモーメントは，「力×支点からの距離」で表され，この値が左右で等しいと回転が止まり，水平に釣り合う。

「重心」は，小学校では扱わない内容だが，大根問題ではこの考えを知っていた方が理解しやすい。物体を1点で支えたとき，ちょうど釣り合う点が重心となる。大根をひもでつり下げ水平にできるのも，重心の位置を支点としているからだ。大根問題では，水平に釣り合うと，素朴に「左右の重さが等しいから釣り合う」と感じてしまう。だから，支点の位置で大根を半分に切ると，左右は同じ重さだと予想してしまうのだ。

しかし，太さに差がある大根では支点の左右で長さに違いが出る。だから，支点から左右の大根の重心までの距離も異なる。支点からの距離が違うのに左右の傾ける働きが等しいことから，左右の重さが違うことが予想できる。支点に近い方の大根には大きな力が必要なので，重くなると予想できるのだ。

●本時の理解確認小テスト問題●

■獲得させたい知識を問う問題

図のようなてこ実験器を水平に釣り合わせるためには，右のうでのどこに何個のおもりを下げたらよいでしょう。(解答例：右に5目盛・2個)

■獲得させたい思考を問う問題

図のようなてこ実験器に，左におもり3個，右に1個を同時に下げて水平にするには，それぞれ何目盛りにおもりを下げたらよいでしょう。

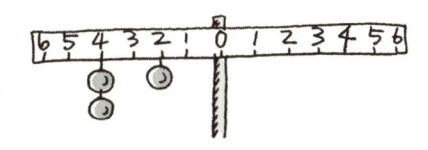

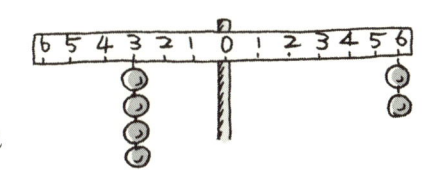

(解答：左に2目盛・3個，右に6目盛・1個。または，左に1目盛・3個，右に3目盛・1個。)

6年 ●A 物質・エネルギー　●燃焼の仕組み

気体の正体をつきとめよう

★ゲーム的な要素のある発展的な課題で，知識を活用する楽しさを味わわせる。

■本時の目標と授業の流れ

目　標　同定アイテムをうまく組み合わせて使えば，3つの集気瓶の中の気体（酸素，二酸化炭素，ちっ素のいずれか）を同定することができることを理解させる。

教える　酸素，ちっ素，二酸化炭素の性質，実験の方法

> 火のついたろうそくを酸素の中に入れると激しく燃え，ちっ素や二酸化炭素ではすぐに消えてしまいます。

> 気体にはものを燃やすはたらきのものとそうでないものがあるんだね。

考えさせる　正体を隠した3つの気体（酸素，ちっ素，二酸化炭素）を同定させる

> 同定アイテムを使って正体のわからない3つの気体をつきとめよう。

> 石灰水を使えば二酸化炭素は見つけられるね。

■学習指導要領の内容／燃焼の仕組み

　物を燃やし，物や空気の変化を調べ，燃焼の仕組みについての考えをもつことができるようにする。

　ア　植物体が燃えるときには，空気中の酸素が使われて二酸化炭素ができること。

単元の構成　（9時間）

※丸数字の時数を「教えて考えさせる授業」で展開。**教**は「教えること」**考**は「考えさせること」

時数	指導内容
①②	○びんの中でろうそくを燃え続けさせよう **教** ふたをした集気瓶の中では，ろうそくの炎は燃え続けないこと。 　　ろうそくを燃え続けさせるには空気が入れかわることが必要なこと。 **考** ペットボトルに2カ所穴を開ける。どの部分に穴を開ければ，燃え続けることができるか。
3	○ものを燃やす働きがあるのは空気中のなにか ・酸素の中で木片やスチールウールを燃やすと激しく燃えることを，実験し確かめる。 〈確認すること〉 空気中の気体の割合 酸素には物を燃やす働きがあり，ちっ素には物を燃やす働きがないこと。 水上置換の仕方
4〜7	○ものが燃えたあとの空気はどうなっているか ・ものが燃えたあとの瓶の中の空気がどうなるか，石灰水を使って確かめる。 ・ものを燃やす前とあとの，瓶の中の酸素と二酸化炭素の割合の変化を，気体検知管で調べる。 〈確認すること〉 ものが燃えると空気中の酸素の一部が使われ，二酸化炭素ができること。
⑧⑨	○気体の正体をつきとめよう **教** 酸素，二酸化炭素，ちっ素の性質と，それを調べる方法 　　正体を隠した3つの集気瓶の中の気体を同定する実験のルール **考** 3つの集気瓶の中の気体を，実験により同定する。

本時の展開　2時間扱い（90分）

目標：同定アイテムをうまく組み合わせて使えば、3つの集気瓶の中の気体（酸素、二酸化炭素、ちっ素のいずれか）を同定することができることを理解させる。

教える	説明 10分	①3つの集気瓶の中の気体を同定する実験の説明をする。（課題提示） ・ラベルのはがれた3つのスプレー缶を提示し、中の気体を見つけられるか、子どもたちになげかける。 ・3つの気体は、酸素・二酸化炭素・ちっ素のいずれかであることを伝える。 ②前時までの学習を振り返り、3つの気体の性質やそれを確かめる方法を提示する。 ・酸素や二酸化炭素、ちっ素の性質を確認する。 ・石灰水が二酸化炭素に反応して白くにごる様子を演示し、確かめる。 ・ろうそくの炎を3つの気体に入れたらどうなるか、子どもたちに発表させながら演示し確認する。
考えさせる	理解確認 10分	③班ごとに実験し、気体の性質やそれを確かめる方法を確認させる。 ・教師の説明や演示実験をモデルに、班ごとの実験および説明活動に取り組ませる。 ・気体の性質や実験の意味理解が不確かな子がいる場合には、班の中で教え合わせたり、教師が支援に入ったりする。
	理解深化 20分	④3つの気体を同定する実験のルールを説明する。 ・石灰水、気体検知管（酸素用、二酸化炭素用）、ろうそくの炎の中から最小のアイテムを使って見つけること、石灰水とろうそくの炎は2回使えること。 ⑤実験の計画：自分の考えを持ち、グループごとに計画を立てさせる。 ・全員に実験の手順を考えさせ、根拠を明らかにさせる。 ⑥実験の実施：グループごとに実験をし、3つの気体を明らかにする。 ・使うアイテムは何にするか、順番はどうするか、話し合いがまとまった班から実験を行わせる。 ⑦結果と考察：実験の手順と結果をまとめさせる。 ・グループで実験結果を画用紙にまとめさせ、3つの気体は何か、全体の前で発表させ、共通理解を図る。
	自己評価 5分	⑧今日の授業の感想を書かせる。 ・単元で学習したことを今日の学習に生かせたか、実験の感想などをまとめさせる。 ・わからないこと、疑問に思ったことがあれば、それも書かせる。

正体のわからない3つの集気瓶

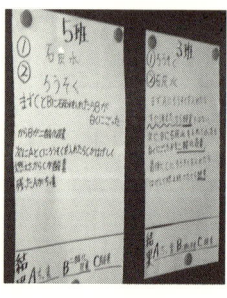

実験結果を画用紙に記入

6年　●A 物質・エネルギー　●燃焼の仕組み

本時の板書

ちっ素	・ろうそくの炎……火が消える
	・石灰水…………白濁しない
	・気体検知管……2種類とも反応なし
酸素	・ろうそくの炎……激しく燃える
	・石灰水…………白濁しない
	・気体検知管……酸素用のみ反応
二酸化炭素	・ろうそくの炎……火が消える
	・石灰水…………白濁する
	・気体検知管……二酸化炭素用のみ反応

A，B，Cの集気瓶の中の気体の正体をつきとめよう

3つの気体は……
　　酸素　ちっ素　二酸化炭素
使えるアイテムは……
・石灰水（2回）
・ろうそくの炎（2回）
・気体検知管　酸素用
　　　　　　　二酸化炭素用

各班の実験結果

1班	2班	3班	4班	5班
ろうそく	ろうそく	ろうそく	ろうそく	ろうそく
石灰水	石灰水	検知管	石灰水	石灰水
説明	説明	説明	説明	説明
答え	答え	答え	答え	答え

※画用紙にまとめた各班の実験結果を掲示する

本時のポイント

■ 準備するもの

・酸素　・ちっ素　・二酸化炭素　・集気瓶　・集気瓶のふた　・ろうそく　・マッチ　・石灰水　・気体採取器　・酸素検知管　・二酸化炭素検知管　・燃えさし入れ　・画用紙　・マジック

■ 理解深化実験の仕方

① 中に何の気体が入っているかわからない3つの集気瓶（A，B，C）がある。

② 以下のアイテムから最小限のアイテムを使って、3つの気体の正体を明らかにする。

・ろうそくとマッチ（2回使用可）　・石灰水（2回使用可）

・二酸化炭素検知管（1回使用可）　・酸素検知管（1回使用可）

＊二酸化炭素の性質を見つけるアイテムと酸素を見つけるアイテムを1つずつ選ば

ないと，すべての気体を同定できない。
　　＊２回使えるものを１つは選ばないと，同定できない気体がある。
③　グループで実験の順序を決め，実験を行う。
　　＊ろうそくの実験を先に行ってしまうと，二酸化炭素が発生してしまうことがあるので注意させる。

■ アイテムの特性
①　火のついたろうそく　→激しく燃える（酸素）／消える（二酸化炭素，ちっ素）
②　石灰水　　　　　　　→変化なし（酸素，ちっ素）／白くにごる（二酸化炭素）
③　酸素検知管　　　　　→色が変わる（酸素）／変化なし（ちっ素，二酸化炭素）
④　二酸化炭素検知管　　→色が変わる（二酸化炭素）／変化なし（ちっ素，酸素）
＊アイテムの選択例（ろうそくと石灰水を選択）
　まずＡとＢの集気瓶に石灰水を入れた。Ｂが白く濁ったので二酸化炭素です。次にＡに火のついたろうそくを入れたら消えたので，Ａはちっ素です。確認のために，Ｃに火のついたろうそくを入れたら激しく燃えたので，予想通り，Ｃは酸素でした。

■ 集気瓶へ気体の入れ方
　正確に気体を採取するためには，水上置換が望ましいが，今回は実験用気体のカンにストローをつけ，直接集気瓶に入れる方法をとった。実験の途中にふたがはずれてしまった班には，すぐに補充することができた。この方法でも，正確な実験結果を得ることができた。

■ 実験発表の仕方
　各班の実験結果を発表し合い，共通理解を図ることが大切である。その時に，音声言語だけでは曖昧になってしまうので，画用紙などに結果を記入させ，それをもとに話し合うと，同じ結果の班や違う班がわかり，理解が深まる。

■ 実験の結果と子どもたちの感想
　実験を行った６班すべてが３つの気体の正体をつきとめることができた。目的によってはアイテムや使用回数を変えたり，当てさせることができるようにアイテムの使用回数を決めたりすることも考えられる。

〈子どもたちの感想〉
- 最初はどうすればいいか自信がなかったけど，班の友達と一緒に実験をして3つとも当てることができたのでよかったです。今度は1人でもできそうです。
- アイテムを使ってどの気体か当てるという授業が楽しかった。今までに勉強したことを覚えていたのが使えてよかった。また，こういう授業がしたいと思った。

本時のミニ知識　二酸化炭素の性質

二酸化炭素は，空気の中にどれくらい含まれているの？

どんなものでも，燃やせば二酸化炭素が出るの？

二酸化炭素はよく耳にする気体ですが，空気中には約0.03％程しか含まれていないごく少ない気体です。ちなみに，約78％がちっ素，約21％が酸素，残り1％が二酸化炭素やその他の気体となります。

植物体を燃焼させると二酸化炭素が発生します。しかし，スチールウールなどの金属を燃焼させても二酸化炭素は発生しません。

本時の理解確認小テスト問題

① 二酸化炭素を見つけるにはどんな方法がありますか。
② 酸素の入った集気瓶に火のついたろうそくを入れるとどうなりますか。
③ 石灰水にはどのようなはたらきがありますか。

【解答例】① 石灰水を入れ軽く振り，白く濁るか。／気体検知管で調べる。
　　　　② 激しく燃焼する。
　　　　③ 二酸化炭素に反応して白く濁る。

6年　●A 物質・エネルギー　●水溶液の性質

水溶液と金属──モデル化して考えよう

★粒の図で考えることにより，水溶液の質的な変化にまで推論を働かせることができる。

■ 本時の目標と授業の流れ

目標　酸性の塩酸とアルカリ性の水酸化ナトリウム水溶液を混ぜると，互いの金属を溶かす力をうち消し合い，力が弱くなることを，粒の図を使って理解させる。

※水酸化ナトリウム水溶液は，塩酸と同様，劇物指定の薬品である。理科の指導内容の削減に伴い，10年ほど前から中和反応を扱わない教科書が増えた。しかし，中和実験の蒸発乾固の際，混合後の水溶液を酸性にするなど，注意して扱うことで取り扱い可能である。中和反応は，発熱反応を伴った水溶液の質的な変化であり，化学変化をとらえさせる効果的な理解深化課題となる。中学理科への関連を図る有効な事象である。

教える　塩酸と水酸化ナトリウム水溶液の中和反応

＋ − ＋ − ＋ −　　　　＋ − ＋ − ＋ −

↓磁石を付けると…

＋ − ＋ − ＋ − ＋ − ＋ − ＋ −

◯は打ち消し合った部分

塩酸と水酸化ナトリウム水溶液を混ぜると，互いの金属を溶かす力をうち消し合い，力が弱くなります。例えば，棒磁石のN極とS極を合わせると，釘を付ける力がなくなりますが，これを＋，−で表すと，図のようになります。

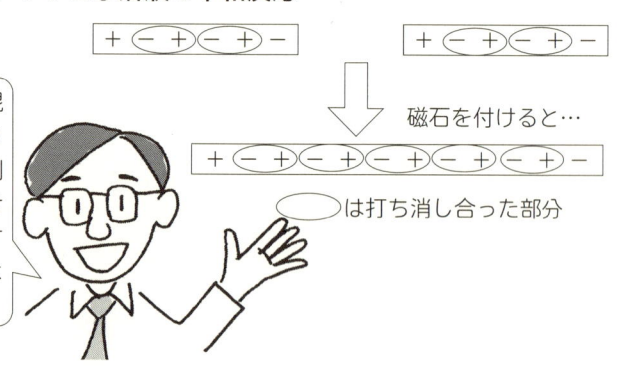

考えさせる　中和反応を粒の図で表す

磁石の例のように，塩酸と水酸化ナトリウム水溶液を混ぜた時，金属を溶かす力が弱くなることを粒の図を使って説明してみよう。

磁石のS極とN極が合わさると磁石の力がなくなるように，水溶液を混ぜると金属を溶かす力がなくなるよう考えればいいね。

114

■学習指導要領との対応／水溶液の性質

　いろいろな水溶液を使い，その性質や金属を変化させる様子を調べ，水溶液の性質や働きについての考えをもつことができるようにする。
　ア　水溶液には，酸性，アルカリ性及び中性があること。
　イ　水溶液には，気体が溶けているものがあること。
　ウ　水溶液には，金属を変化させるものがあること。

単元の構成　（14時間）

※丸数字の時数を「教えて考えさせる授業」で展開。 教 は「教えること」 考 は「考えさせること」

時数	指導内容
1	○単元の学習計画を作る ・教科書の単元全ページで，わかったこと，確かめたいことをノートに書かせる。（予習） ・書いたことを発表させ，模造紙にウェビングマップのように書き留め，学習の順番を教師が付け，単元の学習計画として示す。（順番は，教科書通りでよい。）
② ③	○溶けている物を取り出したり，水溶液を作ったりする （予習：家庭での予習でわかったこと，確かめたいことを発表させる。予習をしてくる児童が少ない場合は，授業で予習時間をとる。） 教 二酸化炭素を水に溶かして炭酸水を作り，ＢＴＢ溶液で確かめること。 考 ストローを使って水に息を通すと炭酸水ができるか予想させる。
④ ～ ⑥	○金属を溶かす水溶液があることを確かめ，粒の図で説明する （予習：家庭での予習でわかったこと，確かめたいことを発表させる。塩酸はアルミニウムを溶かすことを調べてくる。） 教 金属と塩酸を粒の図で表すこと。 考 粒の図で金属が溶けることを説明させる。 　　発展：アルミだけでなく他にも溶ける金属（銅，鉄）があるか。
⑦ ～ ⑨	○塩酸と水酸化ナトリウム水溶液の中和反応を調べる （予習：教科書の「読み物」を読み，家庭での予習でわかったこと，わからないこと，確かめたいことを発表させる。） 教 水酸化ナトリウムの性質（強いアルカリ性，触れると危険，塩酸に混ぜると互いの性質がなくなること） 考 実験で確かめた後，粒の図で中和反応を説明させる。
10 11	○身近な水溶液（シャボネット，しょう油，涙など）の液性を調べる
12 ～ 14	○まとめの作文を書く（400字詰原稿用紙3枚〜5枚） ・小見出しを付けたり図解したりして工夫し，単元で学んだことを整理する。

※下線は発展的内容を扱った知識活用場面

本時の展開　9／14時

目標：酸性の塩酸とアルカリ性の水酸化ナトリウム水溶液を混ぜると，互いの金属を溶かす力を打ち消し合い，力が弱くなることを，粒の図を使って理解させる。

教える	説明 20分	〈予習：教科書を読み，塩酸と水酸化ナトリウム水溶液が混ざるとアルミニウムを溶かす力がなくなることをノートに書かせる。〉 ①予習してきたことを発表させ，教科書の内容を確認する。 ②互いの力を打ち消す例として，磁石のN極とS極を付けると釘が付かなくなる演示実験をして，この事象を図解して説明する。 ③塩酸を粒の図に表して説明する。 ・塩酸のアルミを溶かす力を形として表すことがポイント。 ④塩酸と水酸化ナトリウム水溶液の中和反応を，演示実験で見せる。 ・塩酸に水酸化ナトリウム水溶液を同じだけ入れて，反応の変化を見る。（45分以上時間がとれる場合には，理解確認段階で3〜4の班で実験させる。）
考えさせる	理解確認 5分	⑤中和反応の結果を粒の図に表して説明できるか，自己評価させる。（1回目） ・5段階を板書に示し，児童に番号プレートを貼らせる。 ・自己評価の理由を，ペアで説明し合わせる。 ・時間があれば，数名に発表させる。
	理解深化 15分	⑥中和反応の結果を，粒の図に表現させる。 ・わからない児童には，ほかの児童の図を見せる。 ・描き終わった児童同士で，交換して確認させる。 ⑦代表の児童2名に，図を説明させる。 ・右図は，児童が表した図解の例。粒子の突起は金属を溶かす力を表している。突起の数が水溶液により異なるのは，この水溶液がアルミを溶かす様子を観察した児童なりの表現である。児童により表し方は違ってよいと考える。塩のギザギザ，水酸化ナトリウム水溶液の4つの突起が，粒子の合体によりなくなる。 図は塩酸の粒子が水酸化ナトリウム水溶液の粒子を取り込んでいる。
	自己評価 5分	⑧実験結果を図に表して説明できたか，自己評価させる。（2回目） ・1回目の自己評価の位置に，違う色の番号プレートを貼らせる。 ・自己評価が前と後で変わったかどうか。また，その理由を書かせる。

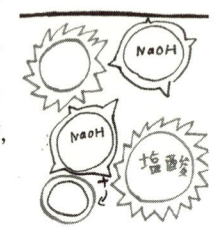

6年　●A 物質・エネルギー　●水溶液の性質

本時の板書

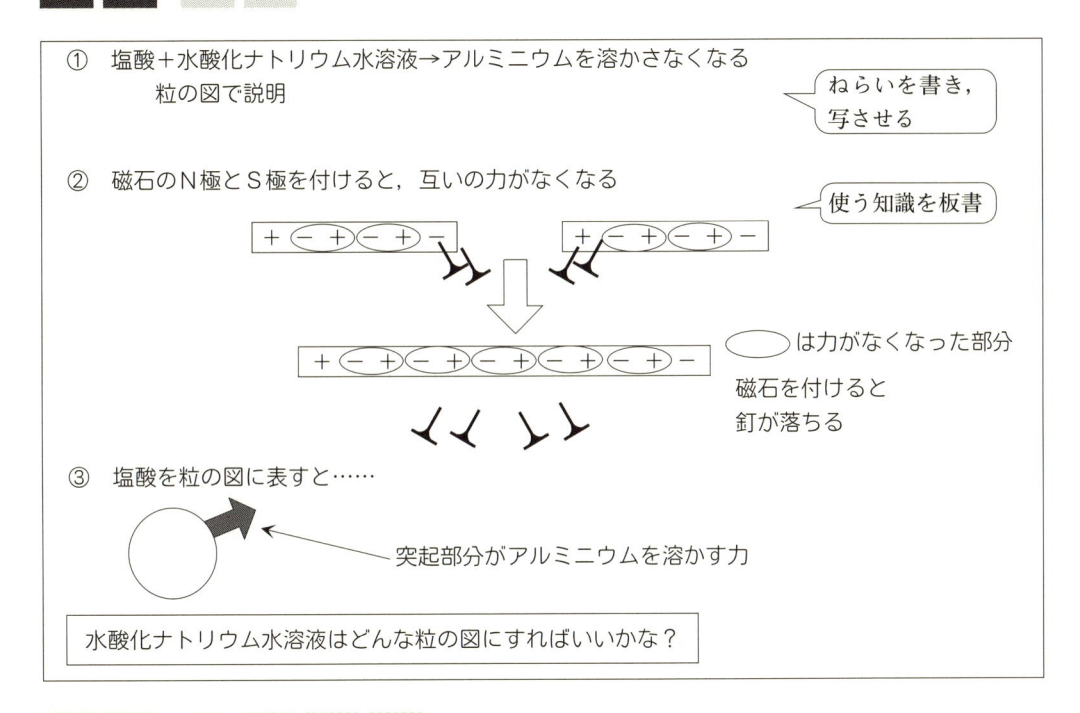

① 塩酸＋水酸化ナトリウム水溶液→アルミニウムを溶かさなくなる
　　粒の図で説明

〔ねらいを書き，写させる〕

② 磁石のN極とS極を付けると，互いの力がなくなる

〔使う知識を板書〕

　　　＋－＋－＋－　　　＋－＋－＋－

　　↓

　　＋－＋－＋－＋－＋－＋－

　　○は力がなくなった部分
　　磁石を付けると
　　釘が落ちる

③ 塩酸を粒の図に表すと……

　　○→　　←突起部分がアルミニウムを溶かす力

水酸化ナトリウム水溶液はどんな粒の図にすればいいかな？

本時のポイント

■ 理解深化課題――中和反応を粒の図に表して理解する

中和反応の結果を，粒の図に表して説明させる。

この課題解決を通して，目に見えない現象を図示と説明により理解させる。イオンや中和の知識がないので，金属を溶かす力が打ち消し合ってなくなることを説明できることをねらう。砂糖水と塩水を混ぜた場合は，混ぜる前の2つの物の性質が保たれる。それとは異なる反応であり，性質が変わること（中性になること）を理解させる。

中和反応の化学式は，「HCl＋NaOH→NaCl＋H₂O」であり，反応後には塩（えん）と水ができる。しかし，児童の理解しやすさから考えて，物質の組み合わせが変わることで金属が溶けなくなると考えるより，「HClとNaOHがもつ金属を溶かす力が互いに打ち消し合う」ととらえる方が理解されやすいと考えた。

ふつうなら，溶かす力のある塩酸と溶かす力のある水酸化ナトリウムが合わされば，もっと溶かすことができると考えられる。例えば，キャンプファイヤーで枝だけでなく，かれ葉を入れるとさらに燃える。走っている人を押せば，瞬間，もっと速くなる。エネルギーとしてみれば，足し算的な場合がほとんどであろう。金属を溶かす2つの異な

る水溶液を混ぜると溶かす力が少なくなるという現象は，児童のこれまでの体験や生活には，ほとんどないと考えた。

　前ページの児童の図のように，金属を溶かす力を粒の図の突起部分として表し，混ぜることで突起部分がなくなることを図示することで，塩酸と水酸化ナトリウムの金属を溶かす力が打ち消し合うことが表現される。（実際はイオン化傾向の違いから金属が溶けるので，突起部分が金属をひっかいて溶かすわけではないが，力として表すことが大切である。）

　金属を溶かす力を凹凸のように表し，2つの水溶液の粒子が，結び付くことで溶かす力が消えるモデルも考えられる。

■ 予習の内容と指示の出し方

　前時に教室で，教科書の該当箇所を読んでわかったこと，確かめたいことをノートに書いてくるよう指示する。

　本時の導入で，ノートに書いたことを発表させる。「ノートに書いてきたことを発表してください。ノートに書いてなくても，人の発表を聞いて思いついたことを発表してもよいです。」と言う。

　このようにして，教科書の内容や確かめたいことを確認し，予備知識の個人差を縮める。

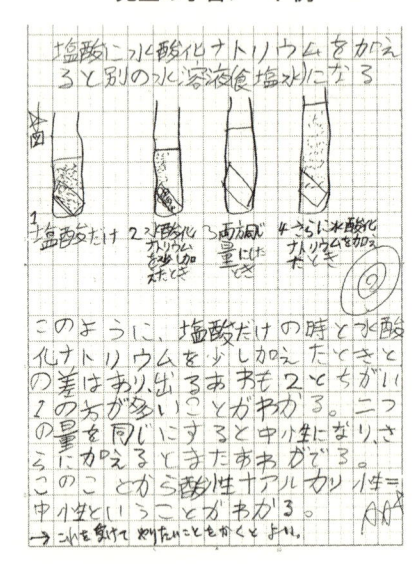

　なお，教科書の予習のさせ方は，①教科書を読む，②大切なところにアンダーラインを引く，③ノートに写す，④わかったことを書く，⑤やりたいことを書く，⑥実験結果の予想を書く，⑦予想の理由を書くなど，段階的に高めるとよい。児童のよいノートを示すのが効果的である。また，指導者の簡単な評価を入れることも大切である。

■ 教師の説明

　「前時までの塩酸の粒の図（塩酸を○で表し，アルミニウムを溶かす性質をとがったものを付けて表す）を使うといいね。互いの力を打ち消すのは，3年で習った磁石のN極，S極を付けると極の性質がなくなり釘を付けなくなる場合が参考になるね。」

実際に（板書のように）演示実験。図でＮ極とＳ極の付ける力を＋，－で表し，＋と－を○で囲み，力がなくなることを示す。

筆者は，学習したことを活用して，似た現象を関連づける見方や考え方を児童に学ばせたいと考えている。しかし，先述したように，中和反応は，児童のこれまでの体験や知識からは理解しにくい現象である。そうした中でも，これまでの学習をもとにしながら，小学生なりに中和反応を理解できるようにしたいと考え，3年で学んだ磁石の極性の打ち消しあいを，中和反応のたとえとして説明に用いることとした。

両者の現象は質が違うので，必ずしもこのたとえがベストではないかもしれないが，目に見えない現象を説明させる１つの提案として読んでいただきたい。

■ 理解確認の方法

児童の自信度評定に使うプレートは２種類用意する。変化を自覚させることが自己有能感につながる。

また，理由を書かせることで，知識の変化が明確になり，習得を促す。

以下は，児童が書いた「理由」の記述例

理解深化課題前後の５段階自己評価例

	自信度	理解深化前	理解深化後
5	質問ＯＫ	0	0
4	図で説明	1	11
3	説明できる	9	3
2	半分説明	4	0
1	説明できない	0	0

である。「前はどんな説明の図がよいか思いつかなかったけど，金属を溶かす力が打ち消し合う図をかけたことで２つの水溶液を混ぜると金属を溶かす力がなくなることがうまく説明できたので，自信度が３から４に上がった。」

本時の理解確認小テスト問題

■**知識を問う問題** ※○印が正答
① 塩酸はアルミニウムを溶かす力が （ある）・ない）。
② 水酸化ナトリウム水溶液はアルミニウムを溶かす力が （ある）・ない）。

■**思考を問う問題**
③ 塩酸に同じ濃さの水酸化ナトリウム水溶液を同じ量混ぜると，金属を溶かす力は（大きくなる・(小さくなる)・変わらない）。

6年　●B 生命・地球　●人の体のつくりと働き

人体モデルエプロンをつくろう

★人体モデルエプロンを作って表現させることで、臓器の理解が身近なものになる。

■本時の目標と授業の流れ

目標　肝臓と腎臓を含む主な臓器の名称、位置、働きを理解させる。

教える　肝臓、腎臓の位置と働き

> 肝臓は、栄養分をたくわえたり出したりし、体に悪いものを分解しています。
> 腎臓は、体にとっていらなくなったものを尿として体の外に出し、水分や血液の成分を調節しています。

> 体に必要じゃないものを分解したり出したりしてくれているんだな。

考えさせる　自分の身長に合わせた人体モデルエプロンを作る

> 主な臓器の名前や働きを書き込んだ"人体モデルエプロン"を、自分の身長に合わせて作ろう。

> 私の体の中での場所や大きさがよくわかったよ。

■学習指導要領の内容／人の体のつくりと働き

　人や他の動物を観察したり資料を活用したりして，呼吸，消化，排出及び循環の働きを調べ，人や他の動物の体のつくりと働きについての考えをもつことができるようにする。

　ア　体内に酸素が取り入れられ，体外に二酸化炭素などが出されていること。
　イ　食べ物は，口，胃，腸などを通る間に消化，吸収され，吸収されなかった物は排出されること。
　ウ　血液は，心臓の働きで体内を巡り，養分，酸素及び二酸化炭素などを運んでいること。
　エ　体内には，生命活動を維持するための様々な臓器があること。

単元の構成　（12時間）

※丸数字の時数を「教えて考えさせる授業」で展開。教は「教えること」考は「考えさせること」

時数	指導内容	
1 2	○吸い込む空気と吐き出す息の違い ・吐き出す息には，二酸化炭素や水分が多く含まれ，酸素が少ないことを，気体検知管を用いて調べる。	
③	○肺のつくりと呼吸のしくみ 教　肺を通して血液中に酸素を取り入れていること。 考　魚のえらや映像資料を用いて，人と他の動物の呼吸の共通点と違いを考えさせる。	肺の働き
④ 〜 ⑦	○食べたもののゆくえ 教　だ液の働きにより，でんぷんが糖に変わること。 考　映像資料や解剖した魚を用いて，胃や腸のつくりとそれぞれの器官における消化の働きを考えさせる。	胃や腸の働き
⑧ 〜 ⑩	○血液の流れと働き 教　酸素や養分は血液の中に取り入れられ，心臓の働きで全身に送り出されること。 考　メダカの血流観察や脈拍調べなどを通して，心臓の動きと血液の流れが関係していることを考えさせる。	心臓の働き
⑪ ⑫	○主な臓器の働き 教　肝臓，腎臓の位置や働き 考　"人体モデルエプロン"づくりを通して，主な臓器の名称と体内における位置を確かめ，その働きを考えさせる。	肝臓や腎臓の働き 様々な臓器の働きや位置

121

本時の展開　2時間扱い（90分）

目標：肝臓と腎臓を含む主な臓器の名称，位置，働きを理解させる。

教える	説明 10分	〈予習：教科書の「肝臓」「腎臓」についての説明を読んでくる。〉 ①人体模型を用いて，肝臓と腎臓の働きを説明する。 ・「人の体内の様々な臓器の働きや位置を整理し，まとめよう」と投げかけ，肝臓と腎臓について，教科書の記述や図と人体模型を対応させながら，その働きや位置を確かめる。 ・教科書以外の資料も利用して調べてきた児童には，その内容を発表させる。
考えさせる	理解確認 25分	②子どもたちに理解度を自己評定させる。（1回目，5分） ・主として肝臓と腎臓の働きの理解度を自己評定させる。 ・「説明できる・かなり・まあ・少し・全然」の5段階で自己評定させ，ネームプレートまたは番号プレートを黒板に貼らせる。 ③ペアで教え合いながら，肝臓と腎臓の働きをまとめさせる。（15分） ・パソコンを利用できる環境ならばデジタル教材を，そうでない場合は教科書や資料集を用いて，ワークシートに肝臓と腎臓の働きを書き込ませる。 ・理解度の高い児童には，ペアの児童に自分の言葉で補足を加えながら説明するよう促す。 ④子どもたちに理解度を自己評定させる。（2回目，5分）
	理解深化 48分	⑤グループで確かめ合いながら，一人一人に"自分の身長に合わせた人体モデルエプロン"を作らせ，肝臓と腎臓以外の臓器を含めた主な臓器の位置や働きをまとめさせる。 ・「主な臓器の位置や働きがわかる"人体モデルエプロン"を，自分の身長に合わせて作ろう」と投げかけ，見本を提示する。 ・自分の身長に合わせた大きさの臓器の型紙を，デジタル教材や人体模型を活用して用意させる。 ・呼吸，消化，循環などの働きに合わせて型紙の色を変え，裏面にはワークシートに書き込んだそれぞれの臓器の働きを書き写すよう伝える。 ・表面には臓器の名称を書かせ，位置を確かめてステープラーでエプロンに固定させる。 ・教科書の図だけではわかりにくかった臓器同士の重なりや厚みにかかわる気づきやつぶやきを，学級全体に広める。 ・エプロンは，量販店等で売られている使い捨てタイプ（5～8枚入）を使用。
	自己評価 7分	⑥本時の学習をふり返らせる。 ・本時の感想と知識確認を問う用紙を配り，本時の学習をふり返らせる。 ・わからなかったこと，疑問に思ったことなどもあれば書かせる。

6年　●B 生命・地球　●人の体のつくりと働き

本時の板書

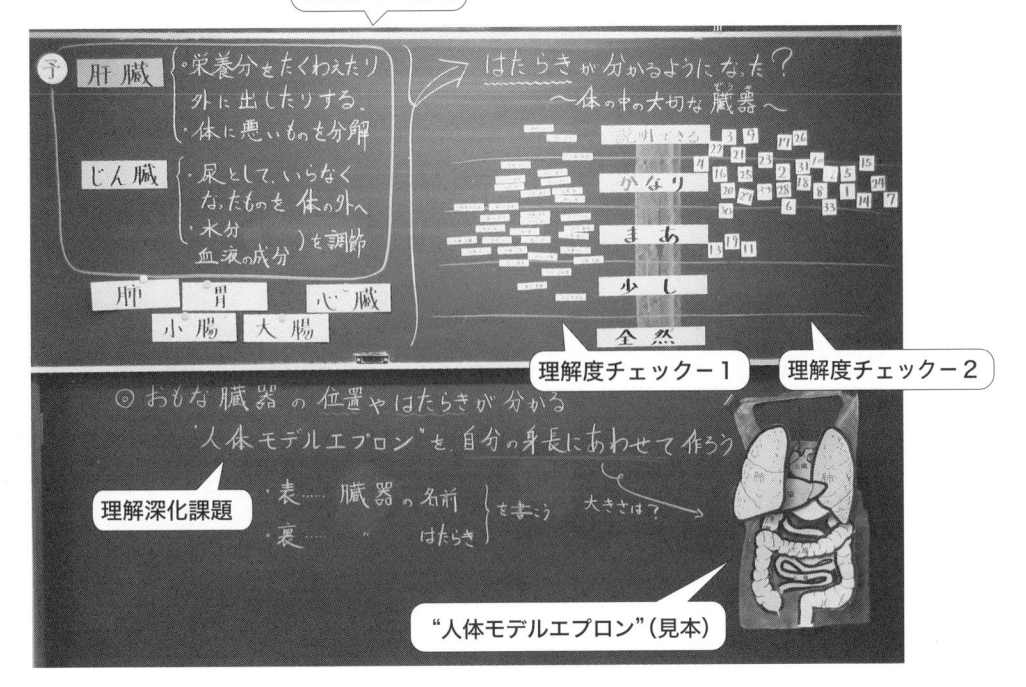

（板書写真：教師からの説明、理解度チェック－1、理解度チェック－2、理解深化課題、"人体モデルエプロン"（見本））

本時のポイント

■ 予習の内容と指示の出し方

本時の予習は，「教科書の『肝臓』『腎臓』の働きの説明が書かれている部分を読んでおくこと」である。具体的には，前時の終末に，以下のような内容で指示を出す。

- いつ　　　　　　　本時までに
- どこで　　　　　　家で
- 何を，どのように　教科書の『肝臓』『腎臓』のはたらきの説明が書いてある部分を3回読んでくる。その中で，①大切だと考えた部分にはアンダーラインを引き，②難しさや疑問を感じた部分には付箋を貼る。

本時は，単元全体のまとめとしての意味合いを持つ。前時までの呼吸や消化，循環に関わる学習で学んだ臓器とあわせ，この2つの臓器の働きや位置を知ることで，体内には生命活動を維持するための様々な臓器があるのだという総合的な理解を図っていく。

123

■ 理解深化課題の設定の仕方
(1) "自分の身長に合わせた人体モデルエプロン"を作る

「自分の身長に合わせた」という課題の設定により，子どもの内に臓器の大きさや位置を自分の体に即して確かめる必要が生じる。それにより"よくわかっていたつもりの私"が揺さぶられ，より深い理解を得ようとする子どもにとって切実な活動を生み出す。

(2) グループで確かめ合いながら，"人体モデルエプロン"を作る

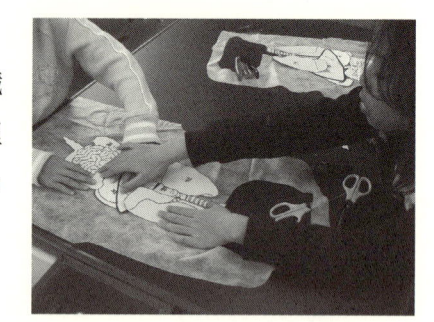

「仲間と共に」という場の設定により，「ねえ，ここ教えて」「比べっこしようよ。身長が違うと臓器の大きさはどのくらい違うのかな？」など，理解度の違い・身長の違いが生かされた学び合いの誘発が期待される。

(3) 「臓器の型紙」は，働きごとに違う色を使う

呼吸，消化，循環などの働きに合わせて型紙の色を変えることにより，言葉による記入に加え，視覚の面からも，働きの違いや様々な臓器が体の中に収められていることを感じ取らせたい。

■ 自分の身長に合わせた臓器の大きさを求める方法

自分の身長に合わせた臓器のおよその大きさを簡便に求めるには次の方法がある。

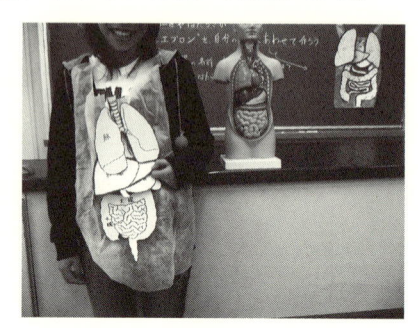

① 人体模型のサイズと自分の身長を比較して大きさの割合を求め，それぞれの臓器のおよそのサイズを求める。

② デジタル教材の利用

科学技術振興機構の「理科ねっとわーく一般公開版」には，『三次元CGおよび映像でみる「人体のしくみ」』という教材が公開されている。この中の「プリントアウトコーナー」というコンテンツでは，「内臓の大きさを見てみよう！」というタイトルの下，自分の身長を選んでそれに対応したサイズの心臓・肺・胃・腸の図をプリントアウトすることができる。

「理科ねっとわーく　一般公開版」　http://rikanet2.jst.go.jp/index.php

6年 ●B 生命・地球 ●人の体のつくりと働き

本時のミニ知識

> 肝臓は、ずいぶん大きな臓器ですが、重さはどの位あるのですか？

> 腎臓では、1日にどの位の量の尿がつくられているのですか？

> 肝臓は、おなかの中では最大の臓器です。成人で1200～1400gにもなります。

> 腎臓の中では、細い血管から血液中の水分が1日に150～180ℓもしみ出しています。そのうち尿として出されるのは1.5ℓ位と言われています。

本時の理解確認小テスト問題

(1) 肝臓と腎臓のはたらきと関係の深い言葉を、線で結びましょう。

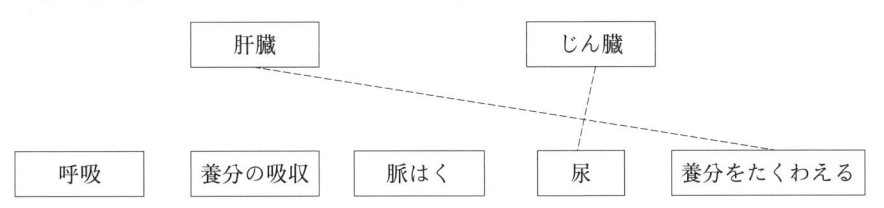

　　　　肝臓　　　　　　じん臓

呼吸　　養分の吸収　　脈はく　　尿　　養分をたくわえる

※破線が解答

(2) 人体モデルエプロンをつくりながら、主な臓器の名前や位置、はたらきを確かめました。この活動をふり返って感じたこと・考えたことを書きましょう。

〈解答例〉
・自分の体に合わせて作ってみると、臓器の大きさや重なり合うように私の体の中にある様子がよくわかりました。
・肝臓や腎臓は、ほかの臓器と関係し合って私の体内で働いているんだな。

6年　●B 生命・地球　●土地のつくりと変化

火山の働きでできた地層を調べよう

★流水による地層と火山灰による地層のでき方を視覚的にとらえさせる。

■本時の目標と授業の流れ

目標　火山の噴火によって層ができる様子を，火山灰の広がり方や積もり方などの事実と実験結果から捉え，地層にはいろいろなでき方があることを理解させる。

教える　火山の噴火による地層のでき方

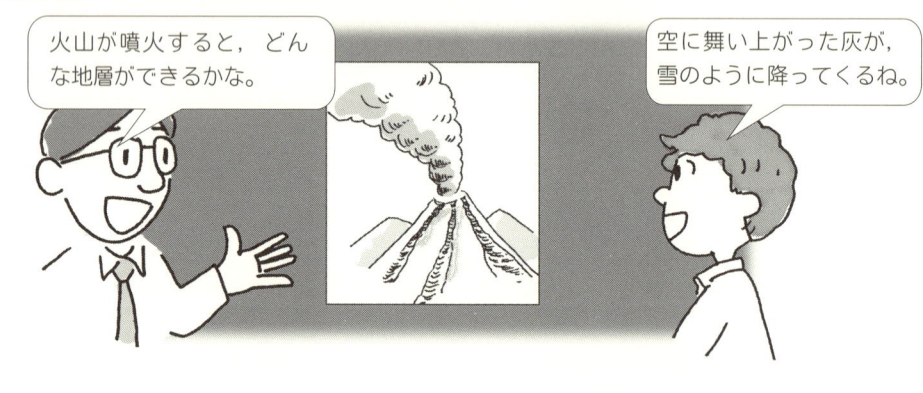

- 火山が噴火すると，どんな地層ができるかな。
- 空に舞い上がった灰が，雪のように降ってくるね。

考えさせる　火山の噴火でできた層と流れる水の働きでできた層の違い

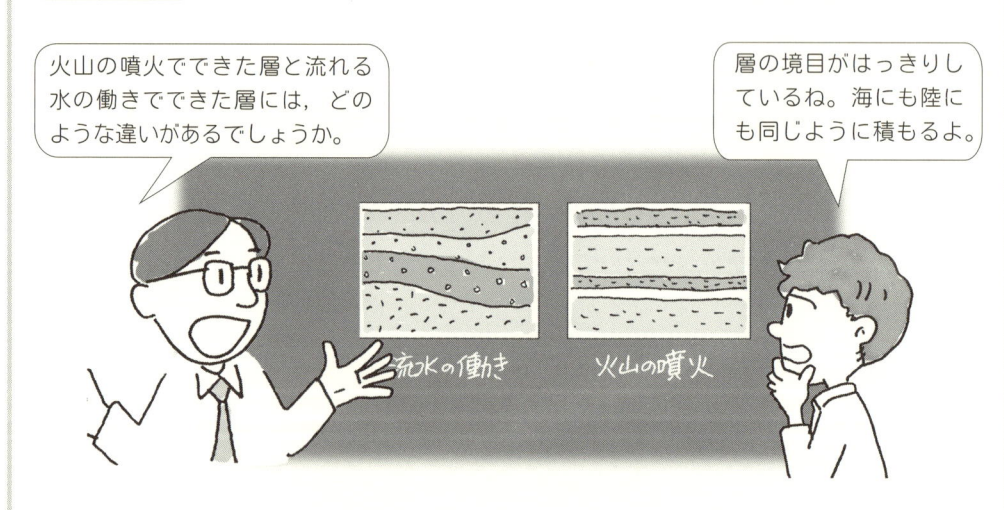

- 火山の噴火でできた層と流れる水の働きでできた層には，どのような違いがあるでしょうか。
- 層の境目がはっきりしているね。海にも陸にも同じように積もるよ。

流水の働き　　火山の噴火

■学習指導要領の内容／土地のつくりと変化…………………………………………………

　土地やその中に含まれる物を観察し，土地のつくりや土地のでき方を調べ，土地のつくりと変化についての考えをもつことができるようにする。
　ア　土地は，礫，砂，泥，火山灰及び岩石からできており，層をつくって広がっているものがあること。
　イ　地層は，流れる水の働きや火山の噴火によってでき，化石が含まれているものがあること。
　ウ　土地は，火山の噴火や地震によって変化すること。

単元の構成　（9時間）

※丸数字の時数を「教えて考えさせる授業」で展開。 教 は「教えること」 考 は「考えさせること」

時数	指 導 内 容
①②③	○校外の路頭で地層を観察し，その大きさや構成物の特徴を捉えさせる 　教 教科書，資料集等の写真を提示し，地層の存在を知らせる。 　　・地下深くまで，その層は続いていること 　　・古いものから順に重なっていること 　考 近くに土地開発の現場などがあれば，見学に出かけ，地層を掘ったり，化石を見つけたりする活動を行い，層を構成するものに気づかせる。 　　・同じ層にある土は，大きさや色，手触りなどが同じこと 　　・いろいろな種類の土が重なり合って層のように見えること
④⑤⑥	○地層の構成物の形，種類などから地層ができるわけを探らせる 　教 流れる水の働きや火山の噴火によって，いろいろな形，種類の土が積もり，長い年月をかけて地層ができていくこと。（予習：地層のでき方） 　考 地層がどのようにしてできたかを予想し，模擬実験で再現することによって地層のでき方を考えさせる。 　　・水の流れによって，土の粒の大きさや重さで層が作られていくこと 　　・水の量や土の質によって層のでき方が変わること 　　・火山の噴火によって噴出した地層は，水平になって積もること
⑦⑧	○地層の作られた，とてつもなく長い年月と実験の結果から考えて，流れる水や火山の働きの繰り返しの様子や地層の変化する様子を推論させる 　教 山の上で海に住む貝の化石が採れることや，地層の縞模様に曲がったり，

順番のおかしいものがあったりすることを，資料などの提示により教える。（予習：地層から発見された化石のでき方や年代について調べてくる。）

考 下のような事実から，地層は長い年月をかけて少しずつ変わっていることを推論して捉えさせる。
- 海の底にできた地層は，大地の働きによって地上に出てきたりすること
- 水の底に生き物の死骸などが積もって，化石となること
- 火山や地震の働きによっても大地のつくりが変化すること

| 9 | ○岩石や地震，火山などについて調べ，大地のつくりと変化についてまとめる
今現在も活動を続けている火山の様子や地震などの自然現象を，VTRで調べ，地球は今も刻々とその姿を変えていることを捉えさせる。 |

本時の板書

火山の噴火で作られた地層の特徴を調べよう

①流水実験でできた地層の拡大写真

②火山の噴火の様子を示した図
火山灰層の図

④2つの実験から考えて…
- 火山の噴火でできた層は，時代を知る手がかりとなる。
- 自分たちの住む大地は，長い年月をかけて作られたもの。

⇩

流れる水の層の特徴
○地層の中の石は角がとれて丸い
○粒の大きさや重さによって分かれて積もる。
　上：土，粘土の層
　中：砂の層
　下：れき，小石の層
○水の中で，長い時間をかけて積もる。

⇩

③火山の噴火で作られた地層の特徴
○地層の中に角ばった石が混じっている。
○噴火のたびに一面に降り積もり層ができる。
○広い範囲に，短時間で。

⑤わかったこと，まだわからないこと

6年　●B 生命・地球　●土地のつくりと変化

本時の展開　2時間扱い（90分）　5～6／9時

目標：火山の噴火によって層ができる様子を，火山灰の広がり方や積もり方などの事実と実験結果から捉え，地層にはいろいろなでき方があることを理解させる。

教える	説明 20分	①流れる水の働きによってできた地層の特徴を確認する。（前時の復習） ・前時に行った，流れる水の働きによる地層作りの実験結果を発表させ，板書に位置づけることで，その特徴を確認させる。 　　層を構成する土の粒の重さによって層に分かれること 　　粒の大きさは下の方が大きく，徐々に小さくなっていくこと 　　地層の中の石は，角がとれて丸いこと 　　層の幅はほぼ均一であること　など ②火山の噴火によってできた地層の特徴を説明する。 ・火山が噴火する様子を，図や写真で見せ，どのように層ができるか予想させながら説明する。 　　噴火によって，溶岩が流れたり，灰が降ったりすること 　　噴火の規模によって，層の作られる範囲が変わってくること 　　地層の中に，角ばった石が混じっていることがあること
考えさせる	理解 確認 40分	③擬似的な実験により，噴火による地層のでき方を捉えさせる。 ・火山の噴火実験装置で擬似灰（チョークの粉）を降り積もらせる。 ・火山の噴火は，積もる様子を見ながら2～3回繰り返して行う。 ・火山灰の層には，次のような特徴があることを押さえる。 　　水中に積もった層は，きれいに水平に積もること 　　広い範囲に積もること ・細かく観察させ，火山に近い場所は層が厚く，遠くなるほど薄くなることにも目を向けさせたい。
	理解 深化 20分	④2つの層のでき方の違いからわかることを考えさせる。 ・2つの実験の層を班ごとに観察させ，流水で積もった土砂の層と擬似噴火で積もったチョークの層を比較し，その特徴の違いを確かめさせる。 ・層の様子を拡大して投影することにより，実際の大きさをイメージさせる。 ・2つの層のできる時間の違いを，時の流れを表した直線で捉えさせる。 　　ほとんどの層は，流水の働きにより長い時間をかけてつくられること 　　火山灰の層は一度に，短期間で形成されること ・2つの層の作られる範囲の違いを，火山灰層の広がりを日本地図上に提示することで捉えさせ，一度に広範囲に見ることのできる火山灰層の利点を考えさせる。 ・火山灰層の役割について説明し，大地の形成される大きな自然の営みに目を向けさせる。
	自己 評価 10分	⑤今日の授業でわかったこと，まだわからないことを記述させる。 ・時間があれば何人かに発表させる。 ・次時から，大地の変化について学習することを予告する。

本時のポイント

本時では、火山の噴火による地層のでき方を理解し、その特徴を捉えることが目標となる。ここでは、教科書に載っている流水による地層実験で作られた地層のモデルをそのままにして、その上に降り積もった火山灰の層を作るようにする。

【流水実験の様子】

流水実験は教科書に載っているものをそのまま使用する。その地層を並べておき、その上に火山灰を降らせると、噴火口からの距離による積もり方の違いや噴火の場所による違いを見せることもできる。

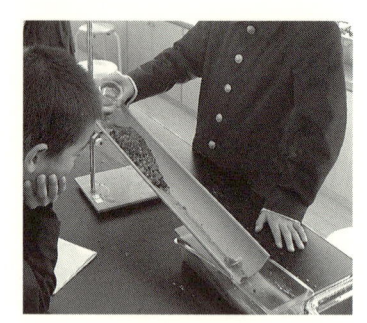

流水実験の様子

【火山の噴火による地層の作り方】

○チョークの粉（擬似火山灰）

擬似火山灰として、チョークの粉を使用する。金型のざるなどで削ると容易に作ることができる。白とピンクなどはっきりとした色の違いがある方がよい。一度に吹き上げる量は、装置によって工夫が必要となるが、多めがよい。

鉄製スタンドなどで柱を作り、大きめのビニル袋をかぶせてドームにする。

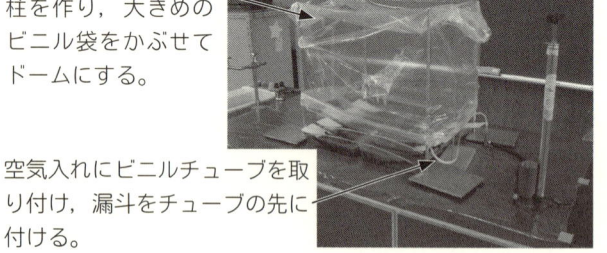

空気入れにビニルチューブを取り付け、漏斗をチューブの先に付ける。

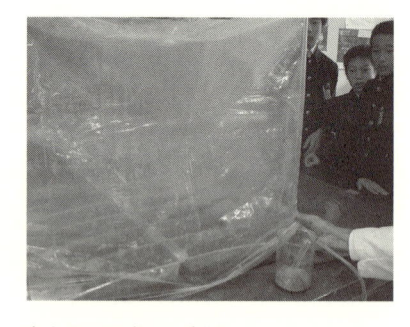

噴火実験装置（左）と、噴火させた様子（右）

○噴火装置

漏斗を火口にしてビニルチューブで空気入れにつなぎ、空気の勢いで噴出させる。漏斗の外径とチューブの内径を確かめて、空気が漏れないようにする。

○注意、配慮事項

・チョークの粉が飛び散ることを防ぐために、45ℓの透明なビニル袋をかぶせて実験をする。

・色を変えて2～3回繰り返すと、層の特徴がはっきりとわかる。特に水中の層は積もり方がとてもきれいである。

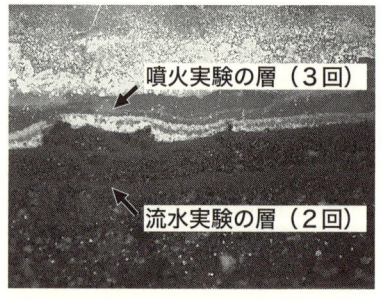

噴火実験の層（3回）
流水実験の層（2回）

作られた地層の様子

6年 ●B 生命・地球 ●土地のつくりと変化

本時の理解確認小テスト問題

■獲得させたい知識を問う問題

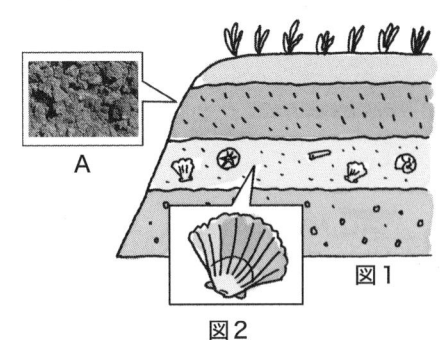

①図1のような地層の中に、Aの層が入っています。このことから、地層ができる間にどのような出来事があったことがわかりますか。
〔解答：火山の噴火〕

②A層の下の層から、図2のようなものが見つかりました。何といいますか。〔解答：化石〕

③図2のものが、A層の下にあったことから考えて、図2のようなものがいたのは、Aが積もる前ですか？ 後ですか？ 〔解答：積もる前〕

付録　火山の噴火による地層の広がり

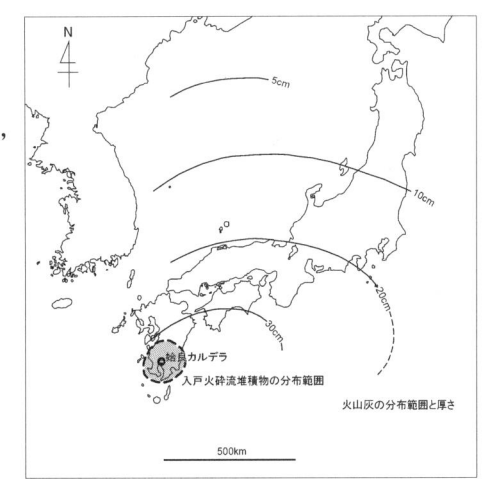

　ほとんどの地層は、流れる水の働きによって形成される。これは、長い長い時間をかけて徐々に形成されるものである。それに比べ、火山の噴火による地層は、短時間でしかも広範囲にわたって形成される。噴煙や火砕流によるものや溶岩が流れて積もったものなど、いろいろな層がある。

　火山灰の層は「かぎ層」といわれ、考古学や地理学の研究によく使われる。それは、短時間で広範囲に積もるので、現在は離れている土地が過去は同じところにあったことや化石や遺跡などの時代を特定する手がかりとして使えるからである。図はいまから約2万5千年前に、現在の桜島付近で発生したとされる噴火（姶良大噴火）による噴出物の分布範囲である。網掛けの部分は、九州南部に流れ出た火砕流（入戸火砕流）の分布だが、空中に吹き上げられた火山灰は、風に流されて日本列島の各地に降り積もった。（より詳しくは、町田洋・新井房夫『新編 火山灰アトラス―日本列島とその周辺』東京大学出版会などを参照。）

6年　●B 生命・地球　●月と太陽

三日月が見えるのはどんなとき？

★見かけの月の形から，月，太陽，地球の3者の位置関係を推測する。

■本時の目標と授業の流れ

目標
- 月は地球を中心とした円のように動いていることを知らせる。
- 月の形は日によって変わって見えることを理解させる。
- 月は，太陽の光を受けた部分が光って見えるので，光っている部分の側に太陽があることを知らせる。

教える　地球から見た月と太陽の位置関係

> 月は地球を中心とした円のように動いています。
> 月の形は日によって変わって見えます。
> 月は，太陽の光を受けた部分が光って見えるので，光っている部分の側に太陽があります。

考えさせる　三日月が見えるときの月，太陽，地球の位置関係

> 月と太陽と地球を，どんな位置に置けば三日月に見えるのだろうか。

> 満月の場合は，月の反対側に太陽があるから…

> 半月の場合は，右に太陽があるから，三角形になるかな？

> 太陽はどこに置けばいいのかなあ。結構頭をつかうなあ。

■**学習指導要領の内容／月と太陽**

　月と太陽を観察し，月の位置や形と太陽の位置を調べ，月の形の見え方や表面の様子についての考えを持つことができるようにする。
　ア　月の輝いている側に太陽があること。また，月の形の見え方は，太陽と月の位置関係によってかわること。
　イ　月の表面の様子は，太陽と違いがあること。

単元の構成 （6時間）

※丸数字の時数を「教えて考えさせる授業」で展開。 教 は「教えること」 考 は「考えさせること」

時数	指導内容
①	○月の動きと月の形 　教 月の形が変わるのは月・太陽・地球の3つの位置関係で決まることを，月をボールに見立てて説明する。（予習あり） 　考 三日月になるときの月・太陽・地球の位置関係を図示させる。
	宿題：何日か続けて月の形の変化の様子を見る
2	○教科書と観察記録を対比・対照する ・教科書と観察記録を比べながら，月の形と太陽の位置関係を確認していく。 ・月の動きについてインターネットや図鑑や映像資料等を使って調べさせる。
3	○月の動き新聞作り ・月と観察する自分と太陽の位置関係を重点的に書かせる。 ・月新聞を掲示する。
	宿題：何日か続けて月の形の変化の様子を見る
4	○月の表面の様子 ・インターネットや図鑑や映像資料等を使って調べさせる。
5	○太陽の表面の様子 ・インターネットや図鑑や映像資料等を使って調べさせる。
6	○月探査衛星「かぐや」の活躍 ・月から見た地球の写真を提示して，月の表面の様子を地球と対比させる。 ・「かぐや」の活躍の様子をインターネット等で調べさせ，初めて知ったこと1つを決めてノートに書かせる。友達のノートと読み比べさせる。

本時の展開

目標：・月は地球を中心とした円のように動いていることを知らせる。
　　　・月の形は日によって変わって見えることを理解させる。
　　　・月は、太陽の光を受けた部分が光って見えるので、光っている部分の側に太陽があることを知らせる。

教える	説明 15分	①月の形はある一定の周期で変化をしていることを、図示しながら説明する。 新月　→　三日月　→　半月　→　満月　→　半月　→　三日月 ②月の形の変化を、月・太陽・地球の３者の位置関係とかかわらせて説明する。 ・月・太陽・地球の位置関係を図示して説明する。 ・月に見立てたボールに、一方から懐中電灯の光を当てて、見る向きによって、光の当たる部分の形が変わることを演示する。（懐中電灯が太陽の光、月を回す自分が地球に相当する。）
考えさせる	理解確認 10分	③班ごとにボールの実験を行い、月の形の変化を確認させる。 ・教師が演示したボールの実験を班ごとで行い、月の形の変化と３者の関係を実感を伴って理解させる。 ・なるべく班の全員が、３者のそれぞれの役割を体験できるようにする。 ・理解が不十分な児童には、班の中のわかる児童から説明させる。
	理解深化 15分	④月から見た地球の形をもとに、３者の位置関係を考えさせる。 ・「今、月にいます。地球を見たら、半月のように地球の左側だけが見えました。この時、夕方になる位置にいる人から見ると、月はどんな形に見えるでしょうか。月と地球と太陽の位置関係を考えながら答えを出しましょう」と問いかける。 ・学習活動②および③で確かになった知識を使って考えることを知らせる。 ・班ごとに協同して月、地球、太陽の形を切り抜いた用紙を使って、３者の位置関係を考えさせる。 ・「月からみて地球の左側が光っているのだから、左に太陽があるはずで、月と地球と太陽は三角形のような関係だ。だから、月は地球から見ると右側が光っている半月に見えるはずで、黒板に貼られた１番の月になる」といった児童の考えを机間巡視しながら把握して、発表させる。 ・ボールや光源を使って実際に確かめさせる。
	自己評価 5分	⑤月の動きをあらためて映像等で確認し、学習感想を書かせる。 ・確かになった月の形の変化を映像で再確認した後に、「はっきりとわかったことを箇条書きで書こう」と言う。 ・学習の感想を書かせ、時間があれば数名に発表させる。

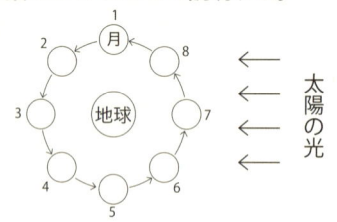

6年　●B 生命・地球　●月と太陽

本時の板書

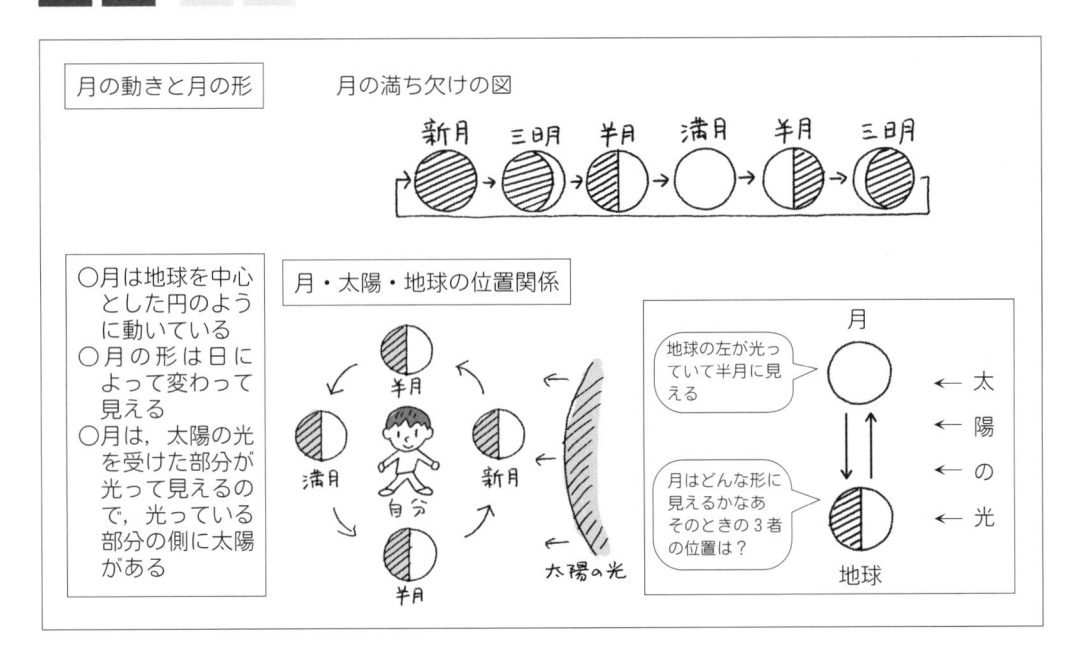

```
月の動きと月の形    月の満ち欠けの図
                新月→三日月→半月→満月→半月→三日月

○月は地球を中心     月・太陽・地球の位置関係
 とした円のよう
 に動いている                            月
○月の形は日に          半月              （地球の左が光っ
 よって変わって      ↙    ↖              ていて半月に見    ←太
 見える           満月  自分  新月        える）            ←陽
○月は，太陽の光      ↘    ↗                              ←の
 を受けた部分が        半月                              ←光
 光って見えるの              太陽の光    （月はどんな形に
 で，光っている                          見えるかなあ
 部分の側に太陽                          そのときの3者
 がある                                  の位置は？）
                                                         地球
```

本時のポイント

■ 予習内容と指示

① いつ　　　　　　　本時の前日に指示する。
② どこで　　　　　　宿題として家でやらせる。
③ 何を，どのように　指定された文を書く。
　　　　　　　　　　図鑑などを使って調べる。
　　　　　　　　　　音読を5回以上してくる。

〈書き写させる内容〉

月は地球を中心とした円のように動いている。

月の形は日によって変わって見える。

月は，太陽の光を受けた部分が光って見えるので，光っている部分の側に太陽がある。

■ 本時の準備物

・掲示用の月の満ち欠け図
・理解深化課題用のペープサート。各班に，月（4枚），地球（1枚），太陽（1枚）の切り抜き（それぞれ10円玉程度の大きさ）と台紙。掲示用の模造紙。

・用意できるなら，インターネットに接続できるパソコンとプロジェクタ。

※参考サイト：「月の満ち欠け」

　http://kids.gakken.co.jp/campus/academy/jisaku/contents/049tsuki.html

本時のミニ知識

（1）月

① 月は約27日かけて地球の周りを回っている。

② 地球からは月の裏側は見えない。

③ 人類が初めて月に着陸したのは，「静かの海」。

④ 月の表面温度は，最高が昼間の約130度以上，最低が夜の−170度。

⑤ 半径は1738kmで，地球の約4分の1の大きさ。

⑥ 地球からの平均距離は37万4403km。

⑦ 月の明るさは，満月で−12.7等星，半月でも−10等星前後。

（2）太陽

① 直径が地球の約109倍。

② 表面温度は約6000度。表面の周りにあるコロナは約100万度。

③ 約46億年前に誕生して，寿命は約100億万年と考えられている。

④ 地球から約1億5000km離れている。

⑤ ほとんど水素とヘリウムでできている。

⑥ いわゆる地表面と言われているような場所はない。

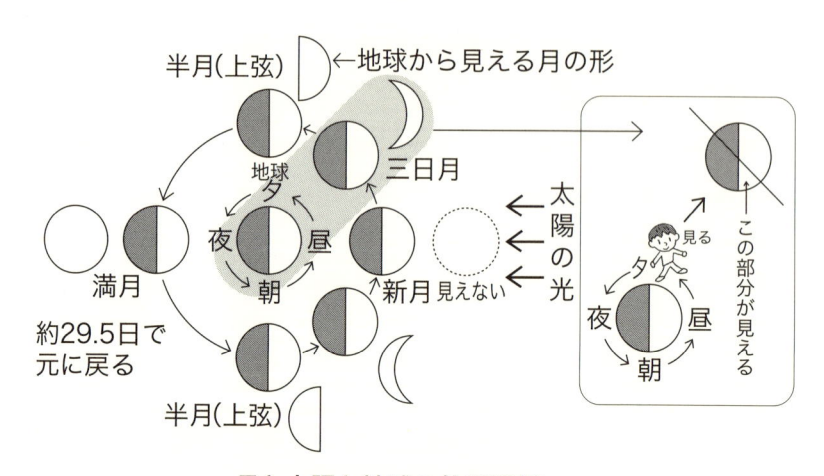

月と太陽と地球の位置関係

6年　●B 生命・地球　●月と太陽

本時の理解確認小テスト問題

○次の文を完成させましょう。※（　）内をブランクにして出題する。

・月は，（地球）を中心とした円のように動いています。月の形は日によって，満月→（半月）→三日月のように変わって見えます。月は，（太陽）の光を受けた部分が光って見えるので，光っている部分の側に（太陽）があります。

・三日月は，半月と（新月）の間にあるときに見える形です。月の半分はいつも（太陽）の光が当たっていますが，地球から見て，（太陽）の光が半分より少なく当たって見える位置にくるときがあります。そのときの見え方が（三日月）なのです。

○どの月が三日月に見える月でしょうか。記号を○で囲みましょう。

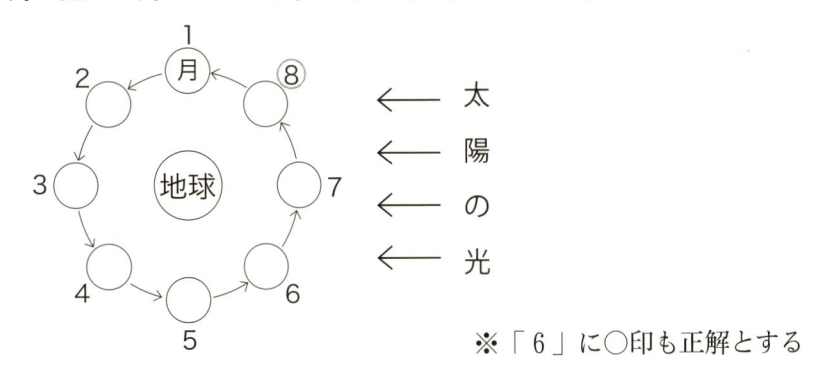

```
      1
   2 (月) ⑧
  3  地球  7
   4     6
      5
```
← 太
← 陽
← の
← 光

※「6」に○印も正解とする

付録　月クイズ

授業の進行の中で，時間的にゆとりがあったら，以下のようなクイズを出して，子どもの関心を継続させたい。※（　）内が正解

（1）月は自分で輝いている（×）
（2）月の地面は地球と全く同じだ（×）
（3）太陽にはクレーターがない（○）
（4）クレーターは，隕石の衝突でできたと考えられている（○）
（5）月と太陽では表面温度は，ものすごく違う（○）
（6）月には「海」と呼ばれるところはない（×）
（7）月が見えなくなる新月のとき，本当に月がない（×）
（8）地球と月と太陽が一直線に並ぶと日食が起きる（△）

補稿 対談：市川伸一×鏑木良夫
「わかる」とはどういうことか
——「温度による空気の体積変化」(4年)の授業をめぐって

市川　あらためて確認しておきますが，鏑木先生の授業観（先行学習モデル）と，私の言う「教えて考えさせる授業」とは，大きな共通点があります。1990年代以降の，知っている子にも，知らない子にも延々と時間をとって考えさせる授業への問題意識は共通ですし，必要な知識を先に与えた上で，より高い問題解決を通して，深い理解に至らせようとすることも共通です。

　それは認め合った上で，私が鏑木先生の授業を見たときに，「こうすればいいのに」とか「これは，しないほうがいいのに」という思いをもつことがあるのも確かです。

　例えば，先生の今回の授業案を「教えて考えさせる授業」として見た場合に，私が感じる疑問は2つあります。1つは，前半の「教師からの説明」で，温度と体積変化の因果関係を説明しないのか，ということです。もう1つは，後半の理解深化課題です。これは，前半の演示実験と代わり映えがしないように思いました。お湯の代わりに手で温めただけですよね。

―「温度による空気の体積変化」の指導略案―
● 目標：空気を温めたり冷やしたりすると体積が変わることを理解させる。
● 展開（45分）
1. 教師からの説明（解説と演示）
　空気の体積は，温めると大きくなり，冷やすと小さくなる。

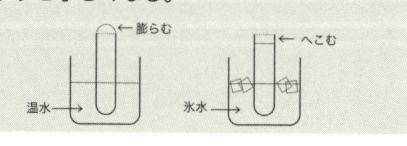

2. 理解確認（班ごとの実験と説明活動）
3. 理解深化
　ガラス瓶を手で温めたときに1円玉が動く理由を考えさせる。
4. 自己評価（振り返りの記述）

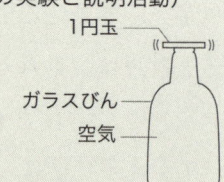

■空気の粒子モデルをめぐって

鏑木　まず，1つめの点ですが，因果関係というと，例えば，空気を温めたときに体積が膨らむ理由についての説明ということですか。
市川　そうです。私なら，ここは「粒子モデル」を導入して説明します。
鏑木　粒子モデル……それはどんなイメージのものですか。ちょっと教えてください。
市川　はい，子どもには「つぶつぶモデル」と言ったほうがよいと思いますが，要するに，空気は小さなつぶつぶからできている，というイメージです。分子のことですね。試験管の中にも，このつぶつぶがいっぱいあって，いろいろな方向に動き回って，いつも壁に衝突して跳ね返ったり（これが要するに空気の圧力ですよね）しているわけです。
鏑木　はい，なるほど。
市川　それで，これに熱を加えると，一つ一つのつぶつぶが，もっと激しく動き回るようになります。するとどうなるかというと，もっとこんこん壁に当たりますね。当たり方が激しくなって，石けん膜が膨らんでいくんだよ，という説明です。

補稿　対談：市川伸一×鏑木良夫　「わかる」とはどういうことか

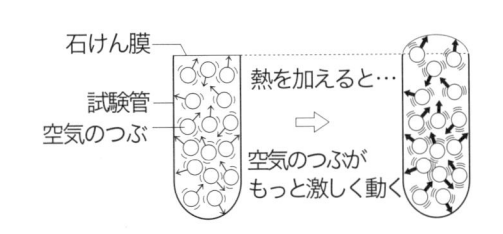

［図：石けん膜、試験管、空気のつぶ　熱を加えると…　空気のつぶがもっと激しく動く］

鏑木　なるほど，そうか…。うーん，率直に言って，私の現場感覚では，小学4年生にはちょっと厳しいかな。中学生か高校生なら，「ああ，なるほど」となると思いますけど。
市川　どのあたりが厳しそうですか。
鏑木　そもそもこういうイメージを持つことができない。私は，これでやった授業を一度だけ見たことがあるんですね。そうしたら，子どもが何と言ったと思います？　つぶつぶのない部分を指して，「先生，ここには何があるのですか」と言うんですよ。
市川　真空ですよね。粒と粒の間には何にもないんだよと。
鏑木　何もないと言っても，子どもはそれがぴんとこないと思うんですね。つまり，身の回りにこれだけの空気があるにもかかわらず，モデルになると，つぶのところにしか空気がないということ自体，子どもにはぴんとこないんですね。ですから，つぶつぶが動くということ以前に，「つぶつぶの間には何がありますか」というところでつまずきがあるということなんです。
市川　私はあまり難しいと思わないですね。特に，今の子は宇宙とかを知っていますから。宇宙には空気がないから人間が息ができないんだとかいうことは，かなりわかっていると思うんですよ。目の前にある気体の中には細かいつぶつぶがあって，これは要するに，宇宙の中に星がぽつんぽつんとあるようなものなんだということです。だから空気についても，もともとは何もないところに空気のつぶつぶがいっぱいあって，中で動いているんだ

という話は，そんなに通じない話じゃないと私は思うんですけど。ただ，授業者本人がどうも疑いがあるときにやると絶対いい授業にはならないから，鏑木先生がそれは無理だろうと思えば，やらないで結構ですよ。

■学習指導要領とのかかわり
鏑木　あともう1つ，私は学習指導要領にこだわりたい。「なぜ膨らむのか」ということまでは，小学校段階では問わないでよいと思っています。
市川　それはそれで正直に言っていただいた方がいいんですよ。学習指導要領を超えたくないと。
鏑木　超えたくないんじゃなくて，最低，どの子にも学習指導要領の内容だけは押さえたい。
市川　それは，もちろんそうです。
鏑木　けれども，そうじゃない現実がある。今までの授業スタイルのままではダメだ。だから私は，市川先生の主張に共感したわけです。「教えて考えさせる」スタイルなら，学習指導要領レベルはかなりクリアできる可能性があると。
市川　たぶん，考え方がちょっと違うんですよ。私は，学習指導要領ぎりぎりのことをやって定着させようというよりは，ちょっと超えるくらいのことをやった方が，定着がよくなると思っているんです。その例が「つぶつぶモデル」なんですよ。
鏑木　もしそうだとすると，そこは正直言ってスタートが違います。
市川　「つぶつぶモデル」は小学校の学習指導要領にはないですが，でも，これを教えた方がイメージがしっかり持てて，温まると空気が膨張するという知識の定着がよくなる。なぜかというと，現象面だけじゃなくて理屈がわかるからです。これは西林克彦先生の本

（『間違いだらけの学習論』新曜社）にもあることですが，一見，情報が増えるように見えても，理屈がわかった方が，実は知識として収まって定着がよくなるんです。

鏑木　そうですね。私も教科書を超えるというのは否定していない。できれば超えたいです。だけど，それは理解深化課題を解いた後の結果として，「ああ，そうか。なるほど，こうなるのか」という，こうなるレベルが教科書の記述より超えていたら，よりうれしいなと思うのです。

市川　それでもいいんですよ。例えば，教師からの説明と理解確認までは，とにかく教科書レベルのことをやると。あんまり理由も考えないで，とにかく現象がこうなるということを，しっかりと教える。そして理解深化課題にいくときに，「つぶつぶモデル」というようなことをあらためてヒントとして教えてあげる。つまり，手がかりなしにいきなり理解深化課題を考えるのも難しいので，「こうして考えてごらん」というヒントを与えると。すると，理解深化課題から，つぶつぶモデルに基づいて思考を働かせるところだという位置付けになる。

鏑木　なるほど，わかりました。市川先生は，なぜそういう現象が起きるかということに踏み込みたいんですよね。それが意味理解だと。

市川　そうですね。理屈がわかって，しかも，新たな現象を見るときに予測ができる。

鏑木　わかりました。そこが違うんだな。要するに，「なぜ空気は膨らむの？　なぜ縮むの？」という問いに対して，学習指導要領レベルでは，少なくとも空気の温度が変わったからだと。じゃあ，空気の温度が変わるとなぜ膨らむのかまでは問わない。

市川　はい，学習指導要領には書いていないです。

鏑木　それで，私の考える理解深化は，例えばこの例だったら，いろいろな条件，状況が変わっても，基本的には空気の温度が変わることで，こういう現象が起きるんだと。そのレベルで十分のような気がして。

市川　われわれ認知屋は，そうは考えない。それだと，かえって子どもは，何か雲に包まれたような，もやもやとしたままです。「何で？」ということまでもう一歩踏み込めば納得できるのに，それを与えないまま，「こうやったらこうなるよ」ということだけでいってしまうと，理科も社会も結局，意味理解レベルにならない。私はもったいないなと思っています。

鏑木　そこになると，私は最低限，学習指導要領をきちんと学ばせたい。

市川　その最低限というのが，また違うんですよ。最低限を学ぶためには，ちょっと超えた方が最低限のことがよく学べる。

鏑木　つまり，この内容をわからせるためには，この内容以上のものを与えないと，この内容がきちんと定着しないという考えなんですね。

市川　常にじゃないですよ。わりと簡単に教えられるもので，そしてそれによってうまく因果が結び付くものだったら教えた方がいいという話ですよ。

■理解深化課題をめぐって

市川　では，つぶつぶモデルは採用しないという前提で，2つ目の論点である理解深化課題に話を移したいと思います。私には，前半の演示実験と後半の深化課題で代わり映えがしないように思えるのですが，鏑木先生としては，この深化課題によって何をどう深めさせようという意図なのですか。

鏑木　はい。要するに，温度が上がると空気は膨らみ，温度が下がると空気は縮むという知識を使って，起きた現象を説明できればよ

いということです。実験としては，ビール瓶は冷やしておいて，手の方は温かくしておきます。そして，瓶を手で握ると，瓶の上にのせた1円玉がかちかちと動きだします。なぜ，1円玉が動くのか。これまでの知識を使って説明しなさいというふうにして，前半の石けん膜の実験で学んだ知識をここでも使えれば，私は理解が深まったという判断をするのです。あくまでも，現象的に説明してくれれば十分です。ただ，そのための課題が果たしてこれで妥当かという点は，検討の余地があると思います。

現象の説明にもう少し切り込むなら，例えば，別の教科書にはこんなアイデアもあります。「上昇説」と比較するのです。前半の石けん膜の実験だけだと，空気が温められて上に動くから，上のものを押そうとして膜が膨らんだと考える子どももいます。そこで，「上昇説」と「全体に膨らむ説」を出して，どっちなんだろうと考えさせる。

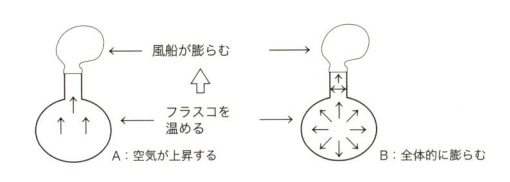

市川　これは面白いんじゃないですか。横向きにしても膨らめば，上昇説は排除できるわけですね。
鏑木　そうです。下向きにすれば，よりはっきりします。
市川　こういうのは，やはり何らかのモデルじゃないですか。中で何が起こっているのかということに対する考察があるから面白い。まさに考えさせていると思いますね。理解深化課題として，子どもがついつい誤解してしまうようなことを取り上げるのは1つの原則で，すごくいいことですね。
鏑木　このレベルでいいなら，私も賛成です。これは実際に過去にやったこともあるし，どんな反応が出ても，一応対応できますので。
市川　これはほかの教科書に出ている課題だけれども，むしろ先生方は，ほかの教科書や教育書をいろいろ見て，そこから課題を持ってくるというのでいいんですよね。

■最後に
市川　あらためて，1つの具体的な授業をテーマにした今日の対談を振り返ると，私と鏑木先生では授業観，とりわけ「わかる」ということのとらえ方にどうも違いがあるようです。私が唱える「教えて考えさせる授業」のベースには，長年続けてきた認知カウンセリング（「〇〇がわからない」という学習者を対象とした個別学習指導）の実践と研究があります。学習者の認知状態の診断と変容の把握を重視しているのです。その視点からすると，鏑木先生の授業は，説明の内容や方法，理解確認の方法，教示内容と深化課題の関係などにおいて，私には，いまひとつ踏み込みが弱いように映るのです。
鏑木　そうですね。確かに違いはあります。ともあれ，考え方の違いはありながら，今日の授業案検討は，ある程度お互いの納得できるところに着地できたわけで，これはたいへんうれしいことでした。こうした議論を重ねることが大切だと思いました。

私としても，自分のやり方や本書に収録された授業が「教えて考えさせる授業」の典型だと言うつもりはありません。完成品ではなく，常に発展途上の1つの通過点だと思っていますが，いま現在，やれる範囲の到達点だという思いもあります。これならば現場の先生に受け入れてもらえるだろうと。

今日は自分の足りないところにも気づけて，とても勉強になりました。ありがとうございました。
〈2009.10.5　構成：編集部〉

■編集者

鏑木　良夫（かぶらぎ・よしお）

1948年，東京生まれ。都立北豊島工業高校卒業後，日本電信電話公社電気通信研究所に勤務。病気療養後，玉川大学通信教育部で小学校教員免許を取得。草加市内公立小学校，草加市教育委員会，草加市内公立小中学校校長を経て，現在，授業インストラクターとして全国各地の学校の授業改善をサポートする。著書に，『The情意』（初教出版），『理科を大好きにするラクラク予備知識の与え方』『教えて考えさせる先行学習で理科を大好きにする』（学事出版）ほか。

■執筆者

鏑木　良夫	授業インストラクター，編集者　解説編p.6-22，実践編〈4年〉p.48-53, 60-71, 〈5年〉p.72-77, 96-101, 〈6年〉p.132-137, 補稿p.138-141	
小林　寛子	東京大学大学院教育学研究科博士課程　解説編p.12-16	
増田　和明	前橋市立荒牧小学校　実践編〈3年〉p.24-29	
鷲見　辰美	筑波大学附属小学校　実践編〈3年〉p.30-35	
東　徹哉	津久見市立青江小学校　実践編〈3年〉p.36-41	
原口　淳一	熊本大学教育学部附属小学校　実践編〈3年〉p.42-47	
深谷　裕之	棚倉町立棚倉中学校　実践編〈4年〉p.54-59	
佐々木昭弘	筑波大学附属小学校　実践編〈5年〉p.78-83	
奥村　豊美	津幡町立中条小学校　実践編〈5年〉p.84-89	
舘　英樹	別海町立上西春別小学校　実践編〈5年〉p.90-95	
森田　和良	筑波大学附属小学校　実践編〈6年〉p.102-107	
仁科　篤弘	白河市立白河第二小学校　実践編〈6年〉p.108-113	
村山　稔	新潟市立木戸小学校　実践編〈6年〉p.114-119	
小林　祐一	山梨学院大学附属小学校　実践編〈6年〉p.120-125	
山元　一哉	大分大学教育福祉科学部附属小学校　実践編〈6年〉p.126-131	
市川　伸一	東京大学大学院教育学研究科，監修者　補稿p.138-141	

（執筆順，所属は2010年1月現在）

■**監修者**

市川　伸一（いちかわ・しんいち）

1953年，東京生まれ。東京大学文学部卒業。現在，東京大学大学院教育学研究科教授。文学博士。専攻は認知心理学，教育心理学。特に，認知理論に基づいた学習過程の分析と教育方法の開発をテーマとしている。著書に，『学習を支える認知カウンセリング』（編著，ブレーン出版），『考えることの科学』（中公新書），『学ぶ意欲の心理学』（PHP新書），『学ぶ意欲とスキルを育てる』（小学館）ほか。文部科学省中央教育審議会教育課程部会委員。

教えて考えさせる理科 小学校
基礎基本の定着・深化をはかる習得型授業の展開

2010年4月20日　初版第1刷発行［検印省略］

　監　修　市川伸一
　編　集　鏑木良夫ⓒ
　発行人　村主典英
　発行所　株式会社　図書文化社
　　　　　〒112-0012　東京都文京区大塚3-2-1
　　　　　Tel 03-3943-2511　Fax 03-3943-2519
　　　　　振替　東京00160-7-67697
　　　　　http://www.toshobunka.co.jp/
　装　丁　中濱健治
　イラスト　後藤憲二
　組版・印刷　株式会社　高千穂印刷所
　製　本　合資会社　村上製本所

Ⓡ本書の全部または一部を無断で複写複製（コピー）することは，著作権法上での例外を除き，禁じられています。本書からの複写を希望される場合は，日本複写権センター（03-3401-2382）にご連絡ください。
乱丁・落丁本の場合はお取り替えいたします。
定価はカバーに表示してあります。
ISBN 978-4-8100-9554-8　C3037

「学力差があるのだから習熟度別にするしかない」と言う前に、
授業づくりの基本方針を見直してみませんか。

「教えて考えさせる授業」を創る

基礎基本の定着・深化・活用を促す「習得型」授業設計

市川 伸一 著　　　　　四六判 200頁　定価 **1,470**円（本体 1,400円）

「進んだ子に合わせると遅れている子がついていけなくなる。遅れた子に合わせると進んだ子が足踏みすることになる。結局、真ん中の子に合わせて授業を進めるしかない」

一斉授業のジレンマとしてよく聞く言葉です。しかし、真ん中の子に合わせたからといって問題が解決するわけではありません。進んだ子にはもの足りない授業になるでしょうし、遅れた子には、やはりよくわからない授業になります。どちらの子にとっても、「この授業で身につけたことは何か」が見えてきません。

こうした学力差がある現実の教室を前提に、どの子にも確かな理解・定着・参加が生まれる授業を創るにはどうすればよいのでしょうか。

本書では、著者自身が行った授業実践も紹介しながら、「教えて考えさせる授業」の設計、展開の考え方と具体的な方法をわかりやすく解説しています。

●目次

第1章　なぜ、いま「教えて考えさせる授業」なのか
　1「教えずに考えさせる授業」は理想的か　2「教えて考えさせる授業」とは
　3定着・深化・意欲を促す授業　Q＆A「習得・探究」と「教えて考えさせる授業」

第2章　「教えて考えさせる授業」の実際
　1授業の概要　2「教える」段階の進め方　3「考えさせる」段階の進め方
　4そのほかのクラスの授業紹介　Q＆A「教えて考えさせる授業」の実際から

第3章　「教えて考えさせる授業」をどうつくるか
　1「教える」ときの注意と工夫　2「考えさせる」課題の設定
　3「教えて考えさせる授業」の組立て
　Q＆A　「教えること」と「考えさせること」

第4章　教育界の動きと「教えて考えさせる授業」
　1教育改革の社会的動向の中で　2「教えて考えさせる授業」の広がり
　3これからの教育はどこに向かうか

〒112-0012　東京都文京区大塚3-2-1　　**図書文化**　　TEL. 03-3943-2511　FAX. 03-3943-2519
http://www.toshobunka.co.jp/　　　　　　　　　　　　　※定価は税5％を含みます。